'포이멘' ($\pi o \iota \mu \eta \nu$)은 '목자' 라는 뜻입니다.

그리스도인의 목자는 예수 그리스도이십니다.
목자의 심정으로 신앙인으로 하여금
이 시대를 하나님의 리듬에 맞추어 살도록
격려하고 위로하는 성경공부입니다.

201 예수의 복음
Godspel

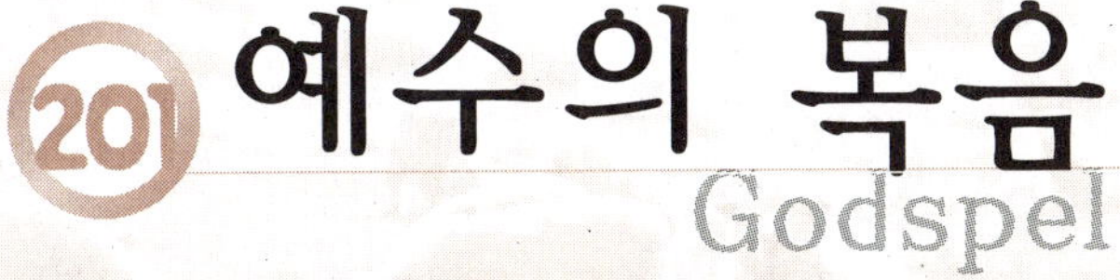

포이맨 201
「예수의 복음」을 시작하면서

기독교에 있어 성서 중에 가장 중요한 부분을 꼽으라 한다면 예수의 복음이 기록되어 있는 복음서를 뽑을 것입니다. 복음서에는 예수의 말씀과 행적이 기록되어 있습니다. 구약과 바울의 서신이 준비된 시기에 복음서의 출현은 하나님의 섭리적 역사입니다. 즉, 구약과 바울의 사역으로 준비된 기독교에 핵심인 예수의 복음을 집어넣어 주신 것입니다. 구약과 바울의 서신이 집이라면 집의 주인인 복음서가 출현한 것입니다. 복음서는 구약이나 바울 서신과 달리 예수의 복음을 생동감있게 증거합니다. 복음서는 역사 속에 실제적으로 성육신 하시고, 행하시며, 육성으로 말씀하신 예수를 증거하고 있기 때문입니다.

예수 그리스도는 유대교 전통이나 율법의 전승에 있어서 연장이나 보완이 아닙니다. 뿐만 아니라 십자기에 죽음과 부활로 인히여 증명된 분이 아닙니다. 아브라함과 세상창조 이전에 이미 존재하신 하나님께서 친히 인간의 몸을 입으시고 육성으로 완전하게 완성된 복음을 말씀하신 것입니다.

그리스도인입니까? 복음서를 읽으십시오.

갈릴리 바다에서 언덕을 향해 부는 잔잔한 바람을 느껴보세요.

바람을 타고 은은히 울리는 예수의 복음을 들어보시기 바랍니다.

이 규 동 목사

포이멘 교재를 다루면서

1. **교재 '포이멘' (ποιμην)은 '목자' 라는 뜻입니다.**

   그리스도인의 목자는 예수 그리스도이십니다. 우리는 그의 양과 같습니다. 목자는 양을 인도하며 보호하고, 양은 목자를 따릅니다. 양에게 좋은 목자 같으신 예수님을 따라 한 걸음씩 발을 맞추고자 합니다. 길과 진리와 생명 되신 예수님과 그의 복음을 따라 점점 신앙이 성숙하도록 구성되었습니다.

   목자의 심정으로 신앙인으로 하여금 이 시대를 하나님의 리듬에 맞추어 살도록 격려하고 위로하기 위하여 체계적으로 편집되었습니다. 즉, 전인적인 신앙생활에 도움이 되기 위하여 믿음으로 보고 생각하고 느끼며 결단하는 성경공부가 되었으면 합니다.

2. **본 교재는 4단계 총 20가지의 주제로 되어 있습니다.**

   각 그룹의 특성대로 선택하여 성경공부를 할 수 있습니다.

   100클럽 : 기본적인 신앙생활의 원리를 다룹니다.

       101 기도, 102 신앙생활, 103 전도,

       104 성경, 105 찬송

   200클럽 : 신앙의 본질적인 면을 다룹니다.

       201 예수의 복음, 202 하나님, 203 성령,

       204 지혜, 205 신앙인의 복

   300클럽 : 봉사하는 섬김의 도를 배우게 됩니다.

       301 치유하는 공동체, 302 용서, 303 봉사,

       304 사랑, 305 직업

   400클럽 : 성숙한 신앙인으로서 사명적 삶을 다루게 됩니다.

       401 인내(소망), 402 헌신, 403 증인의 길,

       404 청지기, 405 리더십

3. 본 교재의 특성

1) 기독교의 근본인 예수 그리스도의 복음을 중심으로 성경을 보도록 훈련하고 있습니다. 성경에는 모세의 율법과 선지서, 그리고 복음서와 서신서 등이 서로 상반된 교훈을 하는 경우가 있습니다. 이에 포이멘 교재는 예수 그리스도와 예수의 복음 그리고 복음서를 중심으로 생각하고 결단하도록 했습니다.

2) 기존의 주제별 교재는 통일된 양식으로 되어 있어 몇 권의 책을 다루면 실증나는 경우가 있었습니다. 그러나 포이멘 교재는 그룹들간의 양식에 변화를 주어 같은 형식의 틀을 깨고 여러 방법으로 다양한 경험을 하도록 조금씩 변화를 주었습니다.

100클럽에서는 각과의 제목을 몇 개의 항목으로 나누어 주제를 구체화하며 참고 성경구절을 찾도록 하였습니다.

200클럽에서는 교재에서 성경을 제시하고 그 의미를 생각하고 진리를 발견하도록 편집하였습니다.

300클럽에서는 100클럽과 200클럽의 형식을 함께 사용하였으나 성경의 진리를 실천하도록 편집하였습니다.

400클럽에서는 사역자로서의 자질과 자세에 대하여 다루고 있습니다.

3) 기존의 주제별 교재는 많은 성경을 찾아 스스로 결론을 내도록 되어 있으나 포이멘은 주제와 각 항목을 뒷받침하는 성경을 두세 가지만 찾도록 되어 있습니다. 그러므로 제시된 성경을 다 찾거나 한두 구절만 찾아도 그 의미를 발견하도록 되어 있습니다.

4) 기존의 교재는 특수 선교회를 중심으로 작성되어 결론을 찾기에 어려움이 있으나 포이멘은 목회자가 집필함으로 목회적입니다. 목회자가 인도하는 경우 주제에 맞게 각 교회의 특성을 따라 인도할 수 있도록 하였습니다.

5) 기존의 주제별 교재에는 교회론이 없으나 포이멘은 교회론(치유하는 공동체)이 있습니다.

4. 실제적인 운영방법에 대하여

1) 대상에 따른 활용과 소용시간 : 목회자나 청년과 장년을 대상으로 개인이나 그룹이 사용할 수 있습니다. 목회자의 경우 주제별로 정리하여 제목설교, 새벽기도회나 세미나에 활용할 수 있습니다. 개인은 새롭게 신앙을 정립하기 위하여 사용할 수 있습니다. 그룹인 경우 성경공부 반이나 청년회나 구역예배, 권찰회에 체계적으로 성경을 공부할 수 있습니다.

   개인 성경공부는 다소 차이가 있으나 30~40분이 소요됩니다. 그룹인 경우 강의식으로 하는 경우 50분 정도 걸립니다. 그러나 성경공부 반인 경우 1시간이 소요되도록 하였습니다.

2) '말씀외우기' 은 꼭 외우도록 하고, 출석을 부를 때 반드시 확인하도록 하시기 바랍니다.

3) '살펴보기' 는 함께 찾고 함께 읽도록 합니다. 인도자는 간단한 추가 설명을 해주십시오.

4) '생각나누기' 는 빈칸에 기록하고 기록한 것은 반드시 읽도록 합시다. 읽거나 발표할 때는 3분 이내로 모두에게 똑같은 시간을 할애하시기 바랍니다.

5) '준비하기' 는 두 가지 유익이 있습니다. 하나는 주제에 맞는 훈련을 하게 되어 있습니다. 둘째로 성경공부팀이 서로 관심을 가지고 흩어져 있어도 서로 위로하고 하나되는데 중요한 역할을 합니다.

6) 기도 노트를 준비하고 항상 기록하고 스스로 확인하도록 합시다.

차 례

〈예수의 복음〉을 시작하면서 ____3

포이멘 교재를 다루면서 ____5

제 1 과 시험을 받으신 예수 ____9

제 2 과 예수의 복음과 율법 ____15

제 3 과 잃은 자를 찾아 구원하는 예수의 복음 ____20

제 4 과 예수의 복음에 나타난 경제관 ____26

제 5 과 예수의 복음과 복된 자 ____33

제 6 과 예수의 복음과 하나님 나라 ____43

제 7 과 예수의 복음과 증인(1) ____50

제 8 과 예수의 복음과 증인(2) ____57

제 9 과 씨뿌리는 자의 비유 ____63

제 10 과 강도 만난 자의 이웃 ____69

제 11 과 사랑과 용서와 섬김 ____77

제 12 과 십자가와 예수의 복음 ____84

나에게

1

시험을 통하여 말씀하시는 예수의 복음

읽 기	막 1:12-13; 마 4:1-11; 눅 4:1-13
외우기	마가복음 1:15

가라사대 때가 찼고 하나님 나라가 가까왔으니
회개하고 복음을 믿으라 하시더라

이해돕기

이런 이야기가 있습니다. 매우 추운 날 새벽 3시, 선교사 지망자가 면접시험 시간에 맞추어 선교국에 찾아왔으나 시험관은 아침 8시에야 도착했습니다. 그리고 시험관은 "자 시작해 볼까요" 하고서는 "제빵업자(Baker)라는 단어 철자를 말해 보시오." 그는 초등 학생들의 문제 같은 질문에 대답했습니다. 시험관은 "좋습니다, 그러면 숫자에 대해서 묻겠습니다. 2의 두 배는 얼마요?" "네, 4지요." "참 좋습니다. 잘 하셨습니다. 당신은 선교위원회의 시험에 합격했으므로 내일 아침 선교사로 임명할 것을 정식으로 건의하겠습니다." 다음 날 아침에 시험관은 선교위원회에서 그를 매우 칭찬하며 그가 자격이 충분함을 설명했답니다. "그 이유는 첫째로 인내력 시험에 합격입니다. 추운 날 새벽 3시에 오라고 했는데 아무런 불평이 없이 가장 추운 시간에 와서 5시간을 기다린 것입니다. 둘째는 시간의 엄수입니다. 셋째로 초등학생 같은 시험문제를 내었는데도 불쾌한 표정 한번 짓지 않아 겸손의 시험에도 합격했습니다. 우리가 요구하는 선교사로서의 자격 요건을 다 갖추었으므로 기꺼이 선교사로 보낼 것을 추천합니다"라고 보고했습니다. 이 세상은 크리스천들의 시험장입니다. 시험을 통하여 그 사람됨이 드러납니다. 생활의 시험은 그의 마음씨, 성품, 가치관 등을 드러내는 시간입니다. 예수님은 시험을 통하여 예수께서 선포하시는 복음의 특징을 드러내셨습니다.

살펴보기

예수 그리스도는 하나님의 리듬을 따라 사셨습니다. 예수님은 하나님의 인도하심을 따라 광야로 가셨습니다. 공적인 사역을 하기 전, 하나님 나라의 복음을 선포하기 전, 중요한 결단과 헌신을 위하여 광야의 시간이 필요했습니다. 마태에 의하면 예수는 광야에서 금식을 하셨습니다. 금식은 생명을 유지시켜 주는 음식보다 중요한 것을 위하여 하는 고백입니다 (금식은 먹는 것만으로 사는 자가 아님에 대한 신앙고백이다). 하나님과 깊은 교제의 시간 속에 홀로 자신을 점검하는 시간입니다. 고독의 시간이요, 동시에 하나님과 함께 하는 시간입니다.

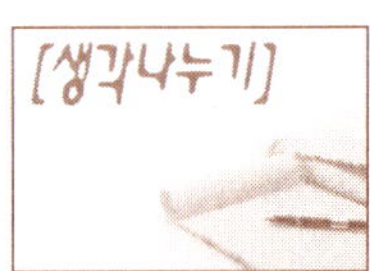

세상과 단절하고 하나님과 나만의 시간을 가진 경험이 있습니까? 그 이유는 무엇입니까?

예수님도 시험을 받으셨습니다. 성령이 예수님을 시험하신 것이 아닙니다. 성령은 하나님의 뜻을 위하여 그 리듬을 따라 인도합니다. 성령을 따라 산다는 것은 하나님의 리듬을 따라 사는 것입니다. 광야에서 40일이라는 긴 시간을 보내셨습니다. 그 후에 예수님은 사단에 의하여 시험을 받으셨습니다. 복음서에는 사단 혹은 마귀, 유혹자, 원수로 표현됩니다. 이는 사단의 역할을 잘 나타내 주는 단어입니다. 사단을 헬라어로 디아볼로스(διάβολος)로서 '사이에' (διά)라는 말과 '던지다' (βαλλω)의 합성어입니다. 즉, 잘 돌아가고 있는 기계 사이에 무엇인가 불순물을 던져 방해하는 것을 의미합니다. 그러므로 사단은 하나님의 질서를 파괴하기 위하여 방해 작업을 하는 존재로서 비방하는 자요, 대적자요, 유혹하는 자입니다. 예수께서 시험을 받으신 사건에서 두 가지 교훈을 얻을 수 있습니다. 먼저, 주님도 인간으로서 겪어야 할 시험을 받으셨습니다. 그러므로 가현설을 주장하는 이들은 참으로 어리석은 자들입니다. 또한 예수에게도 갈등이 있었습니다. 하나님의 아들이기에 시험을 받지 않으실 것이라든가, 갈등이나 고민이나 아픔이 없을 것이라는 신비주의 역시 예수 그리스도를 모르는 무지한 무신론자들입니다. 하나님의 아들 예수 그리스도는 완전한 인간의 몸을 입으신 것입니다.

인간 구원의 역사를 위하여 하나님의 아들 예수 그리스도의 시험받으심에 대한 갈등을 묵상하고 느낀 점을 써 봅시다.

3 하나님의 아들로서 세 가지 시험을 받으셨습니다. 마태와 누가복음서에는 세 가지 시험에 대하여 자세히 기록되어 있습니다. 이 세 가지 시험은 당시 유대인들과 현대인들의 잘못된 구원(메시아 사상)에 대한 유혹이었습니다. 사단은 "네가 만일 하나님의 아들이어든" 이라는 말은 두 가지로 해석할 수 있는데 일반적인 해석으로 예수께서 하나님의 아들됨을 확인하고자 하는 시험입니다. 그러나 시험하는 자나 예수님 자신도 '예수가 누구인지' 를 잘 알고 있습니다. 그러므로 시험하는 자는 예수께서 하나님의 아들임을 전제로 어떤 곳에 그 능력을 나타내실 것인가에 대한 시험이라고 보는 것이 성서에 가까운 해석이라고 봅니다. 그러므로 "네가 사실 하나님의 아들

일진데"로 번역하는 것이 문맥에 더 잘 어울립니다. 즉, 유대인들이 가지고 있는 세 가지 문제와 기대에 관한 것입니다.

1) 첫째 시험은 경제적인 메시아에 대한 시험입니다. 유대인들은 메시아가 오면 왕국이 건설되어 다윗 시대의 영화를 누리게 되어 경제적인 식량의 문제가 해결될 것을 기대했습니다.

시험의 내용 마태복음 4:3

예수의 대답 마태복음 4:4

2) 두 번째 시험은 정치적인 메시아에 대한 시험입니다. 이스라엘은 오랫동안 다른 나라의 침략과 지배를 받았으며, 당시는 로마의 식민지로 있었습니다. 유대인들은 메시아의 시대가 오면 모든 나라들을 다스리게 될 것이라는 정치적인 메시아를 고대하였습니다.

시험의 내용 마태복음 4:5-6

예수의 대답 마태복음 4:7

3) 세 번째 시험은 종교적인 메시아에 대한 시험입니다. 유대교의 성전종교가 타락된 현실 속에 저들이 원하는 대로 이 종교가 그대로 잘 유지되기를 바라는 시험입니다. 인간 중심의 종교형태처럼 사단과 타협해서라도 세상의 권력을 누리는 메시아의 나라를 기대하였습니다.

시험의 내용 마태복음 4:8-9

예수의 대답 마태복음 4:10

나는 어떠한 시험을 받고 있는가? 그에 대한 신앙적인 대답은 무엇입니까?

4 예수 그리스도의 복음은 세 가지로 말합니다.
첫째는 하나님의 말씀이 우선입니다.

마태복음 6:33

둘째로 하나님을 떠난 세상과는 다른 리듬입니다. 세상은 반짝 쇼와 같은 재주나 물리적인 힘, 압도적인 능력으로 통치하고 군림합니다. 그러나 주님은 하나님의 능력을 인기나 정치화시키지 말라는 것입니다.

누가복음 11:29

셋째로 하나님의 나라가 우선입니다. 하나님의 나라는 예수의 복음 안에 있는 나라입니다. 그리고 하나님의 복음인 예수 그리스도를 중심한 나라이며, 예수 그리스도의 복음의 원리로 실천되는 나라인 것입니다.

마태복음 12:28

요한복음 8:42

내가 결단하고 헌신해야 할 인생의 목표와 자세를 기록해 봅시다.

기억하기

하나님의 아들 예수 그리스도께서도 시험을 받으셨습니다. 예수님은 시험을 통하여 말씀하십니다. 사람에게 빵보다 우선하는 것이 있는데, 하나님의 말씀이요, 하나님의 뜻이요, 하나님의 나라입니다. 또한 사람의 섬김의 대상은 오직 하나님이십니다.

준비하기

1. 다음 과의 외울 말씀을 암송합시다.

2. 법 정신과 법, 법해석에 대하여 알아봅시다.

2

예수의 복음과 율법

읽 기　마태복음 5:21-48

외우기　마태복음 5:44

　　　　　나는 너희에게 이르노니 너희 원수를 사랑하며 너희를 핍박
　　　　　하는 자를 위하여 기도하라

이해돕기

사이러스 햄린이라는 열살된 소년이 국경일을 맞아 어머니에게 용돈 7센트를 받았습니다. 사이러스는 그 돈으로 빵과 사탕을 살 생각을 하고 있었습니다. 그 때 어머니가 이렇게 말해 주었습니다. "사이러스, 그 중에서 몇 센트는 파러 아주머니 댁에 있는 선교 모금함에 넣는 것이 좋지 않겠니?" 사이러스는 파러 아주머니 댁으로 가면서 갈등이 시작되었습니다. 골치아픈 문제였습니다. '선교헌금으로 1센트를 넣어야 하나, 2센트를 넣어야 하나? 어머니가 딱 몇 센트를 넣으라고 정해 줬으면 좋았을 텐데.' 한참만에 사이러스는 2센트를 넣기로 결심했습니다. 그러자 이번엔 양심이 이렇게 말하는 것이었습니다. '사이러스, 너는 너의 배를 채우는 데는 5센트를 쓰고 영혼을 구원하는 일에는 겨우 2센트를 내겠다고?' 그래서 사이러스는 군것질에 4센트, 헌금에 3센트를 내기로 마음먹었습니다. 그런데도 마음이 가볍질 않았습니다. 드디어 선교 헌금함 앞에 서서 순간적으로 망설이게 되었습니다. 얼마를 넣는 것이 옳은지를 결정하는 것이 어린 소년의 마음에는 큰 문제였습니다.

사이러스는 굳게 마음을 먹고 용돈으로 받은 7센트 전부를 헌금함에 털어 넣었습니다. 집으로 돌아온 사이러스는 보람과 아쉬움, 그리고 배가 고파 지쳐 있었습니다. 그는 어머니에게 자기가 굶게 된 경위에 대해 말씀드렸습니다. 어머니는 접시에 빵과 우유를 가득 담아 사이러스에게 가져다 주었답니다. 어머니는 자랑스럽게 웃으셨으나 눈에서는 눈물이 흘러내리고 있었습니다. (Sunday School Times)

예수의 복음은 얼마를 내야한다고 정하지 않습니다. 신앙 고백적인 삶을 원합니다.

살펴보기

예수의 복음은 모든 법의 완성입니다. 일반법이나 율법은 지역적이고 편협적입니다. 그러나 예수의 복음은 모든 지역과 문화와 세계와 우주에 영원한 진리로 완전한 것입니다.

마태복음 5:17

예수의 복음은 율법을 폐하는 것이 아닙니다. 오히려 완전케 한 진리로 오신 것입니다. 여기에 중요한 두 단어 "폐하러"와 "완전케"가 나옵니다. '폐하러' 는 '풀다' , '놓아주다' , '파괴하다' 라는 뜻보다 강한 의미로 '해체시켜 멸하다' 혹은 '무효로 하다' 는 뜻입니다. 당시 유대인들은 예수께서 율법을 해체시켜 없애려는 것으로 생각했습니다. 그러나 '완전케 하려' 라는 '충만케 함' 이라는 뜻은 그릇에 무엇을 '가득 채운다' 는 의미입니다. 이전에 것이 부족함을 전제합니다. 율법이나 유전은 다양한 생활 문화에 획일적으로 적용할 수 없습니다. 그것으로는 부족합니다. 여기서 '완전케 하려' 는 모든 율법을 포함하는 넓고 큰 의미로서 완전하고 절대적인 것을 의미합니다. 예수의 복음은 모든 시대에 표준입니다. 그 예를 찾아봅시다.

1) 맹세에 대하여

마태복음 5:33-37

2) 복수에 대하여

마태복음 5:38-42

3) 이웃 사랑에 대하여

마태복음 5:43-48

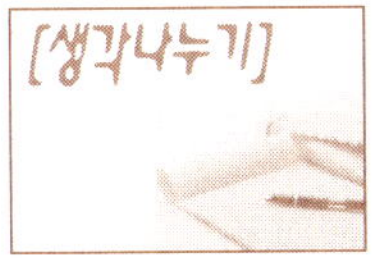

예수의 복음을 믿고 따르는 그리스도인들은 사회법을 어떻게 준수해야 할까요?

2 예수님도 법을 존중하셨습니다. 예수의 복음은 성문화된 율법 이전에 법 정신을 말합니다. 율법은 옷과 같습니다. 옷은 그것을 입고 있는 사람의 품격을 말해 줍니다. 그러나 당시 유대인들은 법을 문자적으로 잘 지키면 자신이 의롭다고 생각했습니다. 예수의 복음은 그 정신인 정의와 자비와 믿음으로 지키기도록 말합니다.

마태복음 5:18-20

마태복음 15:8

마태복음 23:23

미운 마음이 드는 사람이 있습니까? 예수님은 그를 어떻게 하기를 원하시겠습니까?

3 예수의 복음은 영원한 진리입니다. 위에서 율법은 옷과 같다고 했습니다. 옷은 바뀔 수 있으나 예수의 복음은 영원한 하나님의 법칙과 원리와 리듬입니다. 예수께서 새로운 하나님 나라의 원리와 원칙과 법칙을 선포하셨습니다. 물론 과거의 시대에도 복음은 있었습니다. 그러나 그것들은 불완전한 것이었으며 복음의 요소들을 부분적으로 내포한 것입니다. 그래서 구약과 율법은 예표요, 그림자요, 모형이라고 합니다. 그러

므로 완전한 복음이 오면 그림자는 사라지는 것입니다. 이제 예수의 복음의 빛 아래서 지나간 시대(구약)와 현재와 오는 시대를 비추어 보아야 합니다. 예수 그리스도의 도래는 복음의 원리의 시작이 되는 것이며, 동시에 모든 시대가 예수 그리스도의 복음 아래 놓여지게 된 것입니다.

누가복음 16:17

마가복음 11:13

요한복음 1:17

마태복음 24:35

예수의 복음을 실천하기에 어려웠던 적을 기록해 봅시다.

기억하기

예수의 복음 외에 모든 율법은 불완전한 것입니다. 율법은 지역적이고 문화적이기 때문에 상대적입니다. 그러나 그 율법은 그 문화와 사회의 질서에 필요한 최선의 규칙이었습니다. 예수 그리스도는 이 모든 율법을 인정하셨습니다. 그러면서 영원하신 하나님의 원리와 법칙과 리듬을 말씀하셨습니다. 그것이 예수 그리스도의 복음입니다.

준비하기

1. 다음 과의 외울 말씀을 암송합시다.

2. 소외된 사람들과 소외된 기관들을 알아봅시다.

잃은 자를 찾아 구원하는 예수의 복음

읽 기 누가복음 15:1-7

외우기 요한복음 3:16-17

하나님이 세상을 이처럼 사랑하사 독생자를 주셨으니 이는 저를 믿는 자마다 멸망치 않고 영생을 얻게 하려 하심이니라 하나님이 그 아들을 세상에 보내신 것은 세상을 심판하려 하심이 아니요 저로 말미암아 세상이 구원을 받게 하려 하심이라

이해돕기

1941년 12월 7일, 일본군의 비행기가 진주만을 공격했습니다. 일본군의 353대의 비행기가 하와이 진주만 미함대를 공격하여 불과 몇 시간만에 파괴해 버렸습니다. 이로 인하여 전함 8척을 잃고 6개의 비행장이 파괴되었으며, 비행기들은 거의 고철이 되었습니다. 또한 2천 4백만 명의 군인들이 목숨을 잃었습니다. 그 당시 미국에서는 어느 정도 짐작은 하였지만 일본이 미국을 공격해 오리라고는 미처 생각지 못했습니다. 특히 그 날은 주말이라 군인들은 외출나가고 파티를 즐기고 아침까지 잠에 취해 있었습니다. 일본군의 기습은 아침 7시 50분에 행해졌습니다. 그런데 바로 그날 아침 7시에 미군 레이더실에서 레이더망에 나타나는 많은 검은 점들을 발견했습니다. 그 점은 점점 숫자가 많아져서 레이더의 스크린을 까맣게 채웠습니다. 이 때가 일본의 비행기들이 하와이에 나타나기 50분전이었으며 일본의 비행기들은 진주만에서 137마일 떨어진 곳을 날고 있었습니다. 따라서 이 경고대로 즉시 대처를 했더라면 미국 함대는 충분히 응전할 수 있었습니다. 그런데 주일(일요일)인 그날, 레이더실에서 근무하는 두 군인의 보고를 젊은 중위가 접수받고 미국의 캘리포니아에서 뜬 미국의 비행기들이라

고 생각했습니다. 그리고 중위는 보고를 가져온 두 군인에게 말했습니다. "Don't worry about it"(아무 것도 염려할 것 없다) 그 젊은 중위가 레이더실의 경고를 무시하므로 미국 역사에 대 참사요 수치인 진주만 사건이 발생했던 것입니다. 주님도 말씀하십니다. '때가 아직 낮이매 나를 보내신 이의 일을 우리가 하여야 하리라 밤이 오리니 그 때는 아무도 일할 수 없느니라."(요 9:4) 잃은 자를 찾으시는 예수님의 발걸음은 멈추지 않고, 오늘도 찾도록 찾으십니다.

살펴보기

예수의 복음은 잃은 자를 찾도록 찾으시는 사랑의 실천을 말합니다. 이러한 의미에서 잃은 자는 탕자와 같이 스스로 버리고 나아간 자인 동시에 종교와 사회적으로 소외된 자를 의미합니다. [팔레스틴 지방의 농가의 가옥 구조는 대부분 작은 창문 하나만 있기에 내부는 어두운 편입니다. 마루라고 하는 곳은 흙을 다지고 그 위에 마른풀이나 마른 갈대를 깔아 놓습니다. 그렇기 때문에 은화를 잊어버리기가 쉽고 찾기는 어려운 형편입니다. 당시 은돈은 귀중한 가치가 있습니다. 여인의 소유이기에 여인의 관심과 애정을 갖습니다. 비유의 깊은 뜻으로 보아 그 열 드라크마 하나 하나가 다 그 여인에게는 소중한 것입니다.]

하나님께서는 모든 믿음의 사람들을 사랑하십니다. 그 모두란, 하나 하나 모두를 사랑하신다는 말씀입니다.

누가복음 15:4

누가복음 15:8

누가복음 19:10

잃은 자를 찾도록 찾는 목자와 여인의 마음으로 찾은 한 마리 양은 누구를 의미합니까?

2 예수의 복음은 긍휼과 자비를 말합니다. 즉, 원수를 사랑하며, 전혀 도와줄 가치가 없을 것같은 사람을 도와주는 모든 나라와 세계가 하나님 나라로 인도되고, 공유하는 것을 말합니다. 이는 구약적인 사고에서 말하는 원수와 이웃과 영생에 관한 개념과는 다릅니다. 율법적이고 교리적이며 특정 계층적이며, 조건적인 사고를 뛰어넘는 열린 사고와 자세로 모두를 사랑하는 복음입니다.

마태복음 20:34

마가복음 1:41

누가복음 10:20

나에게 한 드라크마는 무엇일까요?

3 예수의 복음은 모든 사람이 구원의 대상입니다. 누가 하나님의 구원을 받아야 합니까? 오래 전 이야기입니다만 6.25때 부상을 당한 분이 있어 대화를 나누는 중에 '김일성은 절대로 구원받으면 안 된다' 고 말하는 것을 들었습니다. 예수의 복음에는 두 부류의 사람이 있을 뿐입니다. 창조주 하나님에게는 두 아들을 둔 아버지의 비유와 같이 구원받은 사람과 구원받을 사람입니다. 누가복음 15장에는 다른 복음서에는 없는 잃

은 자를 찾도록 찾으시는 하나님의 사랑이 기록되어 있습니다. 즉, 잃은 양을 찾는 목자의 비유(3-7절), 잃은 은전을 찾는 여인의 비유(8-10), 잃었던 아들을 찾는 아버지의 비유(11-32)입니다. 공통점은 '잃은 자를 찾아 구원하시는 하나님의 사랑' 입니다. 이방인이나 가난한 자나 죄인들과 약한 자들, 세리, 사마리아 사람, 문둥병자, 탕자, 삭개오 등의 기록이 그렇습니다. 예수의 복음은 하나님의 우주적인 구원의 원리와 원칙과 법칙을 말합니다. 예수께서 어떤 사람들을 구원하셨습니까? 죄인과 세리, 병자들 뿐만 아니라 율법사와 당시 종교 지도자들을 다 포함합니다.

마태복음 9:13

마태복음 9:10

요한복음 3:16-17

누가복음 19:2

요한복음 3:1; 19:39

찾도록 나를 찾으신 예수의 복음은 누구를 향하고 있습니까?

4 예수의 복음은 잃은 자를 찾은 하나님의 기쁨을 말합니다. 하나님께서 나를 찾으시고 내가 믿음의 사람으로 설 때 얼마나 기뻐하시는지를 알 수 있습니다. "나의 잃은 양을 찾았노라"는 목자의 외침은 너무 기뻐하시는 하나님의 사랑의 외침입니다.

누가복음 15:7

누가복음 15:10

누가복음 15:24, 32

기억하기

모든 생명은 귀중한 것입니다. 찾도록 찾으시는 주님의 사랑이 나를 찾으시고, 이웃을 찾으십니다. 또한 내게 주신 묻혀지고 잃어버린 은사를 찾으십니다. 예수의 복음에는 편애나 편견이 없습니다. 오직 하나님의 사랑으로 구원하시는 것입니다. 잃은 자를 찾은 기쁨과 잃었던 은사를 회복할 때 하나님께서 크게 기뻐하십니다.

준비하기

1. 다음 과의 외울 말씀을 암송합시다.

2. 귀한 것, 사람과 필요한 것, 사람을 분류하여 적어 봅시다.

예수의 복음에 나타난 경제관

읽 기　누가복음 12:16-21

외우기　누가복음 16:9

> 내가 너희에게 말하노니 불의의 재물로 친구를 사귀라 그리하면 없어질 때에 저희가 영원한 처소로 너희를 영접하리라

이해돕기

가이드 포스트지에 미국의 캘리포니아에서 선물가게를 경영하는 다나 패트슨이라고 하는 주부의 '형제의 선물'(A brother's gift)이라는 글이 실렸습니다. 그녀에게는 전남편과의 사이에서 낳은 21살 된 아들 제임스가 있습니다. 지금은 재혼해서 사는 남편 사이에서 낳은 12살 된 러키라고 하는 딸이 있고, 또 그 뒤에 지금 4살 된 아이가 있습니다. 이 4살 된 꼬마의 간에 악성 바이러스가 침투하여서 제 기능을 못하게 되어 이제 12시간 내에 간을 이식 받지 못하면 죽게 되었습니다. 의사는 이렇게 말합니다. "시간이 없습니다. 유일한 소망은 체질이 같은 살아있는 간 기증자를 얻는 것입니다." 그러나 간은 사람마다 하나밖에 없습니다. 하나뿐인 간을 잘라서 주는 일이 쉬운 일이 아닙니다. 이 짧은 시간에 기증자를 구할 수가 없었습니다. 그런데 전남편의 아들인 제임스가 자기 동생을 위해서 간을 나누어 주겠다고 하는 것입니다. 조사해 본 결과 다행히 아버지는 다르고 어머니가 같은데도 어느 정도 체질이 같았습니다. 수술을 하는 동안 수술실 밖에서 어머니는 딸의 손을 잡고 무릎을 꿇고 기도를 합니다. '하나님이여, 저 두 자녀를 살려주세요!' 라고 기도하면서 자기 생명 같은 간을 친동생도 아닌 이복동생에게 나누어주겠다고 나선 제임스가 그렇게 고마울 수가 없었답니다. 그래서 그래서 한편으로 생각하면 불안하고 걱정스럽지만 다른 한편으로 제임스가 동생에게 생명을 형제에게 나누어주는 선물을 생각할 때

는 감사 감격스러웠답니다. 수술은 잘 되어서 두 사람의 생명을 다 건졌다고 하는 이야기입니다. 이것이 하나님께서 인간에게 주신 고귀한 사랑이라고 봅니다. 생명까지 나눌 수 있는 사랑이라면 무엇이 문제이겠습니까? 예수의 복음에서 비유에 나타난 그리스도인의 경제관을 찾아 볼 수 있습니다. 특히 부자의 비유, 부자와 나사로의 비유, 불의한 청지기의 비유를 통하여 그 원리를 찾아보도록 하겠습니다.

살펴보기

부자의 비유

1) 배경

이 비유의 발단은 형제가 재산 상속 문제로 갈등을 가지고 예수님께 유산의 분배를 요청하면서 시작된 이야기입니다(눅 12:13-14). 이러한 경우 랍비를 찾아가 판단과 판결을 요구하게 됩니다. 당시 랍비들은 율법을 해석하고 가르칠 뿐만 아니라 종교적 혹은 사회적인 문제들에 대하여 조언과 권면과 판결을 하는 것은 흔한 일입니다. 그러나 예수는 이를 거부하십니다. 그 이유는 진정한 행복은 소유에 있는 것이 아니기 때문입니다. 여기서 예수의 복음직인 가치관에서 '무엇이 우선하며, 중요한가'를 전해 줍니다. 문제는 탐심이고, 중요한 것은 생명입니다. 생명은 소유보다 귀중하고, 또한 소유보다 형제가 귀한 것입니다. 예수께서는 근본적인 문제 해결을 제시하십니다. 근본이 해결되면 그 외에 것은 자연스럽게 풀리는 것입니다. 그러므로 예수께서는 자연스럽게 '어리석은 부자의 비유'를 통하여 물질관을 가르쳐 주십니다.

누가복음 12:15

2) 부자의 고민은 무엇으로부터 시작됩니까?

누가복음 12:16-17

3) 풍성한 소출을 어떻게 관리하고자 합니까?

누가복음 12:18

4) 자기 영혼과 무슨 대화를 나눕니까?

누가복음 12:19

5) 비유에서 1인칭 단수인 '내(나)' 라는 단어가 몇 번 반복되고 있습니까?

6) 하나님께서 부자에게 무엇을 말씀하십니까?

누가복음 12:20-21

고민이 있습니까?

1) 나의 고민은 무엇입니까?

2) 또한 어디에서부터 시작되었습니까?

2

불의한 청지기의 비유 [누가복음 16:1-9]

1) 배경

이 비유의 전후 구조를 살펴보면, 앞장(15장)에는 잃은 것을 되찾는 비유가 있는데, 특히 15장 마지막은 둘째 아들이 아버지의 유산을 가지고 탕진하는 이야기가 기록되어 있습니다. 그리고 16장에 본문인 불의한 청지기의 비유(1-9절)가 있으며, 이 비유를 듣고 비웃는 바리새인을 경계하시는 예수의 말씀(14-18절)이 기록되어 있으며, 이어서 부자와 나사로의 비유(19-31절)가 기록되어 있습니다. 본문은 계속해서 재물을 '어떻게 사용할 것인가' 에 대한 복음을 전해 줍니다.

2) 청지기직을 계속하지 못하는 이유는 무엇입니까?

누가복음 16:1-2

3) 비유 전체의 흐름을 보아 '허비(낭비)' 의 의미는 무엇일까요?

4) 미래를 위해 청지기는 어떻게 했습니까?

누가복음 16:5-6

5) 주인은 불의한 청지기의 어떤 모습을 지혜롭게 보았습니까?

누가복음 16:8-9

나는 내 영혼과 무엇을 말합니까?

3

부자와 나사로의 비유 [누가복음 16:19-31]

1) 배경

이 비유는 바리새인들을 교훈하는 복음입니다(14-18절). "바리새인들은 돈을 좋아하는 자라 이 모든 것을 듣고 비웃거늘"(눅 16:14). 당시 유대인들은 부와 선을 연관시켜 생각했습니다. 바리새인은 선행을 강조하는 부류로서 선한 사람이 많은 물질을 소유한다고 믿었습니다. 그들은 물질에 관심이 많았으므로 예수의 비유를 비웃었습니다. 그러므로 부자의 잘못이 무엇인가를 가르치신 것입니다. 이 비유는 바리새인들이나 유대인들에게는 충격적인 것입니다. 부는 선의 열매라고 생각하던 그들의 사고로는 부자가 아브라함 품에 안기고 거지는 음부에 빠져야 했던 것입니다. 그런데 '왜 부자가 음부에 가야 했는가' 하는 교훈의 말씀입니다.

2) 부자와 나사로의 상황을 살펴보십시오(만약 자신이 부자라면 문 앞에 거지를 그대로 두시겠습니까?).

누가복음 12:19-22

3) 음부에서 부자가 한 말을 살펴보세요.

누가복음 16:23-28

(1) 그는 종교인입니다. 부자가 아브라함을 아버지로 부르고 있습니다. 비유 속의 부자도 유대인이며, 물론 유대교이고, 바리새인처럼 율법을 지킨 사람으로 볼 수 있습니다. 그러나 구원은 인맥이나 혈연이나 종파와 율법 준수로 이루어지는 것이 아님을 볼 수 있습니다. 그는 음부에 갔습니다. 분명한 것은 부자이기 때문에 음부에 가고, 가난한 자라고 천국에 가는 것이 아닙니다.

(2) 아브라함에게 먼저 구한 것이 긍휼입니다.

누가복음 16:24

(3) 형제사랑이 있었습니다. 여기서 '긍휼'($\check{\epsilon}\lambda\epsilon os$), '긍휼을 베풀다'($\check{\epsilon}\lambda\epsilon\check{\epsilon}\omega$)는 $\pi\acute{\alpha}\theta os$(연민), 즉 다른 사람이 당하는 부당한 고통으로 인하여 야기된 자비심과 더불어 두려움도 내포되고 있는 감정을 의미합니다. 때로는 히브리어의 "사랑"(헤세드)의 번역어로도 사용된다. 이는 단수한 감정이 아니라 구체적인 행위를 가리키는 것입니다.

(4) 아브라함의 대답

(5) 부자가 음부에 간 이유는 무엇입니까?

누가복음은 부자가 음부에 간 이유를 이웃에 대한 무관심과 이기주의로 말합니다. 빵 부스러기를 아쉬워 하는 절대 필요를 느끼는 거지에 대한 무관심과 자신과 자신에게 속한 사람만 생각한 이기주의입니다. 나, 내 가족, 내 형제에게만 그의 사랑이 머물러 있었습니다. 당시 바리새인들은 자신들만 생각하고, 자기의 의를 극대화하며 다른 사람들에게는 관심이 없는, 아니 오히려 멸시하는 외식하는 바리새인들이었습니다. 잘못된 선은 자기 마음에 맞는 사람들에게 혹은 자기 기준에 올라선 사람에게 베푸는 선입니다. 그러나 예수의 복음이 말하는 선이란 필요를 느끼는 자에게 긍휼을 베푸는 것입니다. 왜냐하면 하나님은 자비하시기 때문입니다.

앞으로 단 하루 밖에 살 수 없는 시간이 주어진다면 무엇을 하시겠습니까?

 ## 기억하기

예수께서는 이 비유를 통하여 하나님 나라의 백성들에게 소유에 대한 복음적 가치관을 가르쳐 줍니다. 예수의 복음은 영적으로도 부요한 자로서 소유를 자신만이 아니라 하나님과 생명에 관심을 갖기를 가르치고 있습니다. 또한 예수의 복음은 청지기적인 가치관을 가르쳐 줍니다. "오늘밤에 네 영혼을 도로 찾으리니…" '도로 찾는다' 는 말은 '주었다' 다는 말이 전제됩니다. 하나님께서 오늘밤에 '되찾을 권리를 행사하신다' 면 소유가 어떤 의미가 있겠습니까? 불의한 청지기가 미래를 위하여 궁리하고 신속하게 행동으로 옮긴 것처럼 미래를 준비하는 지혜는 언젠가 잃어버릴 재물로 친구를 사고, 이웃을 얻고, 사랑과 자비를 얻으므로써 미래를 위해 물질을 어떻게 사용해야 하는지를 배우게 됩니다.

 ## 준비하기

1. 다음 과의 외울 말씀을 암송합시다.

2. 행복의 조건을 생각나는대로 적어 봅시다.

5

예수의 복음과 복된 자

읽 기 마태복음 5:1-12

외우기 마태복음 5:16

> 이같이 너희 빛을 사람 앞에 비취게 하여 저희로 너희 착한 행실을 보고 하늘에 계신 너희 아버지께 영광을 돌리게 하라

이해돕기

미국에 대통령이었던 링컨은 초등학교만 조금 다녀본 그가 대통령에 출마하기까지 많은 시련과 비난을 받았습니다. 대표적으로 사람이 스탠톤일는 사람이 있습니다. 그는 "링컨은 교활한 어릿광대, 오리지날 고릴라이다. 고릴라를 구경하려면 아프리카로 가지 말고 일리노이주 스텐필드로 가라. 거기에 가면 에이브러햄 링컨이라는 고릴라를 만날 것이다."고 조롱하였습니다. 그런데 링컨은 대통령이 되어 내각을 조직할 때, 스탠톤을 국방장관으로 임명했습니다. 그를 아는 모든 사람들은 깜짝 놀라서 링컨에게 물었습니다. "그렇게도 당신을 비난하던 사람인데, 어떻게 그리실 수 있습니까?" 링컨은 이렇게 대답했답니다. "그 자리에는 사명감이 분명한 그 사람이 가장 적합합니다. 그러므로 다 극복할 수 있습니다." 링컨의 마음과 자세가 그 모든 어려움을 극복할 수 있었던 것입니다. 훗날 에이브러함 링컨이 암살 당했을 때에 가장 슬퍼한 사람이 스탠톤이었습니다. 그는 "여기, 세계가 지켜보는 가운데 가장 위대한 사람이 누워 있습니다."라고 했답니다. 정치적인 대적까지 자기의 사람으로 등용하고 그가 자신을 사랑하고 아끼는 마음을 갖도록 하는 여유가 어디에서 오는 것입니까? 바로 링컨의 링컨됨에서 비롯된 것입니다. 일반적으로 사람은 환경에 예속된다고 합니다. 그래서 핑계하고 원망합니다. 그러나 믿음과 소망의 사람은 환경에 예

속되는 사람이 아닙니다. 성경은 복된 자가 복된 환경을 만드는 것을 말합니다. 예수께서 말씀하시는 복된 자를 알아보도록 하겠습니다.

살펴보기

예수의 복음을 듣고자 나아온 이들 특히 제자들에게 하신 말씀입니다. 이들은 하나님의 나라와 예수의 복음을 위하여 특별히 부름받은 이들입니다. 하나님을 향하여 열린 마음을 가진 사람이며, 하나님 앞에 있는 사람들입니다. 하나님의 뜻을 듣고자 하고, 그 말씀대로 행하고자 하는 사람들입니다. 그들의 관심은 하나님의 뜻이고, 하나님의 말씀이었습니다. 예수님은 이들을 보며 가르치신 것입니다.

마태복음 5:1

하나님 앞에서 자신은 어떠한 존재라고 생각하십니까?

2 예수님은 천국을 소유하는 사람의 상태와 기질을 말씀하셨습니다. 예수의 복음은 말씀을 듣는 모든 사람이 행할 수 있는, 그들 속에 있는 그 무엇을 말씀하고 있는 것입니다. 주님의 말씀을 율법적으로 지켜야 한다면 인간의 의지와 노력으로는 도저히 불가능한 것입니다. 물론 겸손하게 혹은 온유하게 보이는 사람도 있습니다. 그러나 분명한 것은 하나님을 떠난 인간 속에는 이러한 것들이 나올 수 없음을 인정해야 합니다. 그러므로 예수의 복음과 함께 임한 하나님 나라를 선포하는 것입니다. 또한 그의 복음을 듣고 하나님 앞에서 자신을 발견자의 상태에서 우러나오는 기질을 말씀하신 것입니다.

이에 복된 자는 하나님 앞에선 자의 종합된 성품입니다. 어느 것을 경험해 보았습니까?

3 어원 고찰

구약 성서에 나타난 복 혹은 행복이라는 말은 대표적으로 두 가지가 있습니다. 히브리어에 바락(bārak)과 아슈레(ashrē)입니다. 바루크(barukh)는 그 어근이 바라크라는 동사로서 '무릎을 꿇다', '예배하다', '찬양을 드리다' 는 뜻입니다. 이는 하나님 앞에 있는 존재로서의 복을 의미합니다. 이에 반하여 '아슈레' 는 동사로는 '좋다고 생각한다', '행복하다고 선언하다' 는 말에서 온 '행복' 혹은 '축복' 을 의미합니다. 이것을 명사로는 '에셰르' 이고, 호격으로나 형용사적으로는 아세레로 사용되어 문장의 초두에 사용됩니다. 즉, 복 받을 자에게 선언하고 선포할 때 "오, …의 행복"으로 사용됩니다. 이 두 단어는 하나님 앞에 있는 존재와 그 상태 혹은 기질로서 복을 선언하고 있습니다.

시편 1:1

4 복된 자 선언의 구조

본문은 두 가지 중요한 문학적 구조를 가지고 있다. 이 원리는 본문을 해석하는 신학적인 이해의 핵심이기도 합니다. 이 구조를 놓친다면 우리는 예수 그리스도의 복음을 율법적이고 윤리적인 교훈으로 바꾸는 오류를 범하게 될 것입니다.

1) "복이 있나니.." 혹은 "행복하리로다"

마태복음의 본문을 헬라어 원문으로 보면, 3-11절까지(혹은 12절을 포함한) 각 절 서두에 '마카리오이' (Μακαριοι)라는 감탄사가 먼저 나옵니다. 예수님은 아람어로 말씀하셨습니다. 아람어와 히브리어는 표현에 공통점이 있습니다. 특히 이 구절은 하나의 감탄문으로 동사가 없습니다. 영어성경에는 동사가 기록이 되어있으나, 이탤릭체로 되어 있습니다. 그러므로 이 단어는 "오..복된 자여" 혹은 "행복하여라. 사람이여" 로 번역하는 것이 보다 더 원문에 가까울 것입니다. 이 말씀은 그 사람의 의식이나 상태 혹은 자세를 보고 표현한 것입니다.

2) "...복이 있나니 ... 왜냐하면(이는).."

팔복의 선언은 시적인 감탄문으로 되어 있음을 기억해야 합니다. 그가 행복한 이유는 '... 이기 때문' 입니다. 즉, "심령이 가난한 자는 복이 있나니 왜냐하면(이는) 천국이 저희의 것임이요." 우리 성경에는 '왜냐하면(이는)' 이라는 말을 넣지 않았습니다. 그러나 원문에는 "복이 있나니... 왜냐하면(이는)" 이라는 형식으로 되어 있습니다. 이 말씀은 영적인 상태가 이미 행복하기 때문임을 선언하는 것입니다. 즉, 하나님 나라의 백성의 상태요, 그 증거로 나타나는 기질을 말합니다.

3) 3-12절을 히브리적인 방법으로 고쳐 묵상해 봅시다.

예) '하나님 나라를 소유하여 마음이 겸손한 자는 복이 있도다.'

복된 자에 대한 예수의 복음

마태는 예수의 복음에 있어서 8, 9 종류의 복된 자에 대하여 기록하고 있습니다. 이 복음은 인간들이 본능적으로나 종교적으로나 사상적, 문화적으로 생각하는 것과는 다른 차원의 복음입니다. 이는 예수 그리스도께서 보시는 세계, 즉 하나님 나라의 백성들의 기질을 신적 권위로 선포하시는 것이기 때문입니다.

1) 심령이 가난한 자와 하나님의 나라

마태복음 5:3

'심령이 가난한 자'(οι πτωχοι τω πνεύματι)는 영적인 절대 빈곤상태를 말합니다. 이 단어는 구걸하기 위하여 무릎을 꿇지 않으면 안되는 절대 빈곤 상태입니다. 어찌 이런 마음을 소유할 수 있겠습니까? 결국 하나님 앞에서 자신을 발견할 때 가능합니다. 심령이 가난한 자는 진실하게 하나님 앞에 자신의 전적 무능력과 무가치함을 깨달은 자입니다. [창 17:3, 출 34:8-9, 마 8:8, 막 5:22, 눅 1:38 등]

누가복음 5:8

2) 애통하는 자와 위로

마태복음 5:4

헬라어 '펜도스'(πένθος)는 '슬픔'이나 '비통', '비탄' 뿐만 아니라 고통스러운 사실이나 사건에도 사용합니다. 흔히 사랑하는 자가 죽었을 때 느끼는 속에서부터 우러나오는 슬픔에도 사용합니다. 모든 슬픔 중에 가장 큰 슬픔을 의미합니다. 예수께서는 애통하는 자가 행복한 이유는 "저희가 위로를 받을 것"이기 때문이라고 선언하십니다. '위로' 란 헬라어로 '파라칼레오' (παρακαλεω)로서 '곁으로' 와 '부른다' 는 뜻이 합쳐진 단어로서 물론 하나님의 위로입니다. 그리고 예수 그리스도께서 위로자이십니다. 그리고 성령의 별명이 위로자, 돕는 자입니다.

요엘 2:12

요한복음 16:20

요한복음 16:7이하

3) 온유한 자와 땅을 얻음

마태복음 5:5

온유(πραύς)란 이 단어는 '잘 길들여 진 동물' 에 사용하는 단어입니다. 그러나 여기서는 천국백성의 심성과 행위를 가리키는 것으로 좀더 적극적인 의미에서 사용되었습니다. 주경학자 바클레이는 "분노할만한 때 노하고 분노하지 않아야 할 때 노하지 않으며, 자기의 본능과 충동을 하나님의 다스림에 따라 억제하며 자기의 무지와 연약함을 아는 겸손을 가진 자는 복되다. 이 사람은 사람들 중 왕이다."고 해석했습니다. 예수의 복음은 "온유한 자가 땅을 기업으로 받는다"고 선포하십니다. 예수의 복음은 일차적으로 하나님의 나라를 말씀으로서 정복하는 것이 아닙니다. 누군가에 의하여 주어지는 것을 의미합니다.

마태복음 5:38-42

마태복음 11:29

4) 주리고 목마른 자와 배부름

마태복음 5:6

'의' (δικαιος)란 질서를 지키는 것입니다. '의란 서야 할 자리에 서는 것과 서지 말아야 할 자리에 서지 않는 것'을 말합니다. 그러나 예수 그리스도의 복음은 한 차원 위의 의미로 내적인 성향과 기질이며, 하나님과의 관계에서 사용합니다. 진정한 의가 무엇인가? 하나님 앞에 바로 서는 것입니다. "의에 주리고 목마른 자"란 의가 이루어지기를 전인적으로 간절히 바라는 자를 의미합니다. "저희가 배부를 것임이요." 전적으로 하나님의 의를 사모하는 자는 예수 그리스도의 복음 안에서 만족할 것입니다.

시편 85:11

5) 긍휼히 여기는 자와 여김을 받는 자

마태복음 5:7

'긍휼' (ἔλεος)이란 다른 사람이 당하는 고통에 대한 자비심과 더불어 두려움도 내포하는 감정을 의미합니다. 이는 성품만이 아니라 구체적인 행위로 나타내는 단어입니다. 사랑과 자비를 베풀 때 바로 하나님의 긍휼하심을 의지하고 있는 것입니다. 하나님의 긍휼하심은 감히 바랄 수 없는 이들에게 약속된 하나님의 큰 자비하심과 사랑입니다. 예수 그리스도께서 하나님의 위치에서 인간을 부르신 것이 아니고, 인간의 몸을 입고 오셨으며, 인간의 삶의 현장으로 찾아오시고, 구원하시는 복음 사역과 같습니다. 하나님 앞에 선 자가 긍휼을 베푸는 이유는 누구보다도 자신이 하나님의 긍휼하심을 필요로 한다는 사실을 알고 있기 때문입니다.

누가복음 10:33-35

6) 청결한 자와 하나님을 보는 자

마태복음 5:8

'청결' 이란 깨끗하고 순수함을 의미합니다. 특히 종교예식에서 강조되는 말로서 정결을 위하여 일차적인 제사의식과 관련되어 있습니다. 유대교에서는 음식과 생활의 정결을 강조하고 이에 따른 정결 예식을 만들어 놓았습니다. 그러나 예수 그리스도는 제의적인 외적인 것들은 진정한 의미에서 정결에 적합하지 않음을 말씀하십니다. 오히려 도덕적이며, 인격적인 것을 포함하는 마음의 정결을 요구하십니다. 인간이 어찌 스스로 정결할 수 있겠는가? 예수 그리스도의 복음안에서 새롭게 된 영이 지배하는 마음입니다. 마음이 청결한 자는 오직 하나님을 향한 단순한 마음입니다. "저희가 하나님을 볼 것임이요." 깨끗한 마음만이 하나님을 보게 됩니다. 여기서 '볼 것'이라는 말의 원형은 단순히 본다는 의미만이 아니라 '경험한다, 깨닫는다, 의식한다, 안다' 는 뜻입니다.

마태복음 23:26

요한복음 13:10

요한복음 15:3

7) 화평케 하는 자와 하나님의 아들

마태복음 5:9

'화평케 하는 자' 란 단순히 '평화를 사모하는 자' 라든가, '평화로운 사람' 이 아니라 적극적인 의미로 평화를 만드는 사람입니다. 이 단어는 '힘으로 평화를 이루고, 그 평화를 유지시켜 나가는 강력한 통치자' 를 가리키는 용어입니다. 하나님 나라의 백성은 환경에 예속되지 않고 화평케 하는 자들입니다. 예수 그리스도는 화평케 하는 자로 우리 가운데 계십니다.

마태복음 10:12

요한복음 14:27

8) 의를 위하여 핍박을 받는 자와 하늘의 상

마태복음 5:10-12

누가복음 6:22-23

"의를 위하여"와 "나를 인하여"라는 둘이 하나의 의미로 선언되고 있습니다. 즉 의는 곧 예수 그리스도를 의미한 것입니다. 완전한 하나님의 의가 예수 그리스도 안에 있습니다. 핍박과 고난이 복은 아닙니다. 중요한 것은 이것이 복된 이유는 그 결과에 있습니다. 의를 위하여 거룩한 목표를 가지고 핍박을 당하는 자가 있다면 그는 복된 자입니다. 천국이 저희의 것이기 때문입니다. 이들은 하나님 나라를 보며 오늘을 살고 있기 때문에 두려울 것도, 두려운 것도 없이 기꺼이 핍박을 받을 수 있는 것입니다.

요한복음 7:7

요한복음 15:18, 15:23

요한복음 17:14

기억하기

복된 자는 스스로 되어지는 것이 아닙니다. 예수의 복음이 말하는 복된 자는 하나님 앞에서 자신을 발견한 사람의 자세와 삶을 말합니다. 하나님의 말씀인 예수의 복음 앞에 자신을 발견한 사람은 심령이 가난하며, 애통하며, 온유하며, 의에 주리고 목말라 하며…핍박 중에도 기뻐하며 감사하는 사람이 됩니다. 예수님은 이러한 이들이 복이 있다고 선언하십니다. 왜냐하면 저들은 하나님 나라의 백성이기 때문입니다.

준비하기

1. 다음 과의 외울 말씀을 암송합시다.

2. 왕국과 나라의 차이점을 생각해 봅시다.

6

예수의 복음과 하나님 나라

읽 기　　누가복음 17:20-21

외우기　　누가복음 3:5

> 모든 골짜기가 메워지고 모든 산과 작은 산이 낮아지고
> 굽은 것이 곧아지고 험한 길이 평탄하여질 것이요

이해돕기

1934년 히틀러의 반유태주의 사상으로 거리는 전쟁터같은 분위기였습니다. 히틀러의 친위대는 거리를 돌아다니며 폭력을 일삼았습니다. 유태인인 어린 헤인즈는 친위대의 견장만 보면 다른 길로 피했습니다. 그러던 어느 날 헤인즈는 거리의 친위대원과 마주쳐 싸움이 불가피했습니다. 그러나 그는 싸움이 불필요함을 납득시켜 무사히 벗어날 수 있었습니다. 이것으로 말이 평화를 만들어낼 수 있다는 것을 깨닫고 분쟁을 피하는 대화의 기술을 익혔습니다. 그의 가족이 미국으로 이주하여 성인이 되었을 때 그의 이름은 곧 세계적인 평화 협정을 상징하는 이름이 되었고 그의 생각들은 곧 협정의 내용이 되었습니다. 그의 미국식 이름은 바로 헨리 키신저입니다. 또 안데스 산맥 높은 곳에는 청동으로 된 그리스도의 상이 서 있습니다. 그 발판은 화강석이며 동상은 옛 화포(대포)를 녹여 만든 것으로써 아르헨티나와 칠레의 경계를 표시해 줍니다. 그 동상에는 스페인어로 다음과 같이 기록되어 있습니다. "아르헨티나와 칠레가 구속주이신 그리스도의 발 아래서 평화의 서약을 깨뜨린다면 이 산들은 곧 가루가 되리라." 양국은 오랫동안 국경 문제로 분쟁 상태에 있었습니다. 1900년, 두 나라 간에 분쟁이 최고조에 달하자 당시 영국 왕이던 에드워드 7세에게 중재를 요청했습니다. 1903년 5월 28일, 양국 정부는 분쟁을 종식하는 조약에 서명했습니다. 아르헨티나의 귀부인인 세뇨라 데 코스타가 세운 기념물입니다. 그녀

는 칠레인들의 간담을 서늘케 하는데 사용되었던 화포를 녹여서 그리스도의 동상을 만들었습니다. 봉헌식에서 그 동상은 평화를 가져다주는 승리의 상징으로서 그 모습을 드러내었습니다. 그 기념 동상은 오늘날 우리에게 오직 평화의 왕이신 그리스도만이 세상의 참된 평화를 가져오실 수 있음을 상기시켜 주고 있습니다. 그리고 그 동상은 민족이나 국가간의 평화뿐만 아니라 개인간의 평화에 대해서도 시사하는 바가 큽니다.

살펴 보기

예수의 복음은 하나님의 나라 선포와 밀접한 관련이 있습니다. 복음서에 예수께서 "하나님 나라의 복음을 선포하며"(마 4:23; 9:35)라든지 "나라의 복음을 전하며"(눅 4:43; 8:1; 9:2, 60), "예수께서 이르시되 내가 다른 동네에서도 하나님의 나라 복음을 전하여야 하리니 나는 이 일로 보내심을 입었노라"(눅 4:43)고 증거하고 있습니다. 예수 그리스도의 복음의 내용은 '하나님 나라' 입니다. 여기서 예수님이 선포하신 '하나님의 나라는 어떠한 나라인가' 를 공부해 보도록 하겠습니다.

1

유대인의 하나님의 왕국

1) 왕국적이고, 제국적인 하나님의 왕국입니다(삼상 8:7, 20).

2) 예언자들의 미래적 왕국으로서의 하나님 나라입니다(사 2:1-4, 11.).

3) 메시아 대망과 왕국입니다(단 2:37; 4:3, 17; 7:13-14).

초기교회 순교사를 보면 어리석어 보일 정도로 용서와 사랑을 실천했습니다. 그럼 나는 미움과 싸움이 정당화한 적이 있습니까?

2 예수 그리스도의 하나님 나라

이스라엘의 왕국적인 신앙과 기대 가운데 예수의 복음에 나타난 하나님 나라는 독특합니다. 예수 그리스도의 하나님의 나라는 사랑과 용서와 섬김으로 드러나는 평화의 나라입니다. 구체적으로 예수의 복음에 나타난 하나님의 나라는 어떠한 나라일까요?

1) 건설하는 나라가 아니라 들어가는 하나님의 나라입니다.

예수의 복음은 하나님의 나라의 도래를 선포합니다. 유대인들의 생각처럼 왕국을 건설하는 것같이 하나님 나라는 건설하는 것이 아닙니다. 예수 그리스도의 하나님의 나라는 미완성된 나라가 아니라 완전한 나라입니다. 하나님 나라는 인간이 세우는 것이 아니라 하나님께서 예수 그리스도로 세우신 것입니다. 이는 영적이고 정신적인 나라로서 예수 그리스도와 그의 복음이 길과 진리와 생명으로써 들어가는 나라입니다. 예수의 복음은 인간의 어떤 행위와 공로로 하나님 나라를 이루는 것이 아니라 들어가는 것을 말합니다.

마태복음 7:21

마태복음 12:28(누가복음 11:20)

누가복음 17:20

요한복음 3:5

2) 하나님의 왕국(Kingdom)이 아닌 나라(Region)입니다.

예수의 복음에는 두 가지로 기록하고 있는데, 하늘 나라와 하나님 나라입니다. 그러나 하늘 나라는 마태복음에 집중적으로 기록하고 있는데, 이는 그 공동체의 특성 때문입니다. 마태 공

동체는 개종한 유대인들로서 직접 하나님의 이름을 부르는 것
을 꺼렸습니다. 그럼에도 불구하고 마태 역시 현재적으로 임하
는 하나님 나라를 가리키고 있습니다. 그렇다면 예수 그리스도
께서 선포한 나라를 현대적인 용어로는 어떻게 기록할 수 있겠
습니까? 당시의 큰 정치체제는 왕국이었습니다. 그러나 예수
그리스도의 복음에 나타난 '나라' 는 당시 세상의 나라와 같은
왕국이 아니었습니다. 헬라어 '바실레이아' 는 왕국이 아니라
'나라' 입니다. 21세기를 사는 오늘날 우리가 추구하는 나라입
니다. 영어로는 Region이 가능할 것입니다. Region은 명확한
한계가 없는 지대, 지방, 지역, 지구, 해역(海域) 등을 뜻하며,
보통 Regions하면 넓고 무한한 전지역, 넓은 지역, 영역, 계(界)
를 의미합니다. 예수의 하나님 나라는 언제나 어디서나 예수
그리스도와 직접적인 관련을 가지고 있습니다. 뿐만 아니라 예
수 그리스도의 복음이 선포되고 실현되는 나라입니다.

요한복음 18:37

3) 종말론적인 현실이며, 현재적인 나라입니다.

예수 그리스도의 하나님 나라는 막연한 기대와 환상과 희망
(꿈)의 나라가 아닙니다. 예수의 복음은 이미 하나님의 나라
가 임하였음을 선포합니다. 그리고 그의 복음은 이미 임한 하
나님 나라에 대한 응답을 요구하고 있는 것입니다. 주님은 완
전한 나라로서 종말론적이며 현실적이고, 현재적인 하나님의
나라를 선포하셨습니다.[눅 10:23; 16:1; 11:20]

마태복음 11:5 (누가복음 7:22)

누가복음 17:20-21

4) 우주의 질서 가운데 있는 하나님 나라입니다.

예수의 복음에 나타난 하나님 나라는 온 인류를 향한 우주적

인 복음입니다. 누구나 어디서나 하나님 나라의 백성으로 열려 있습니다. 그러므로 우주적인 성격을 가지고 있습니다. 즉, 창조주 하나님께서 창조하신 모든 세계의 질서입니다. 하나님 나라의 백성은 창조의 질서를 지키는 사람입니다.

마태복음 24:14

요한복음 18:36

누가복음 3:6

5) 이성적이고 신앙적인 나라입니다.

예수 그리스도가 선포한 하나님의 나라는 지역에 제한된 나라가 아닙니다. 여기다 저기다라고 할 수 없는 나라입니다. 그렇다고 해서 환상 속이나 사람들의 마음속에 있는 이상향, 그리고 신비적 신앙에 속한 나라도 아닙니다. 예수님은 인간의 몸을 입고 이 땅에 오셔서 인간의 생활과 정신에 새로운 장을 여신 것입니다. 바로 보게 하시고, 듣게 하시며, 생각하고 결단하게 하십니다. 그의 나라는 분명한 이성이 활동하는 나라이며, 동시에 모든 생활의 원리인 바른 정신을 갖는 말씀(복음)에 의하여 이루어진 나라입니다. 이는 창조주 하나님의 우주적인 질서요, 자연의 법칙과 순리가 통하는 나라입니다.

마태복음 6:26-28 (: "생각해 보라")

마태복음 7:24

동시에 '영적인 나라'라고 함은 하나님을 중심한 나라이기 때문입니다. 이성만의 나라는 세상의 모든 체제를 들 수 있습니다. 이 모든 체제는 하나님 나라에 합당한 것이 아니며, 예수 그리스도의 복음이 말하는 체제가 아닙니다. 예수의 복음이 추구하는 나라는 세상에 그 어느 것도 아닙니다. 예수의 복음

은 이념이나 사상이 아닙니다. 예수 그리스도의 복음에 나타
난 하나님 나라는 하나님의 원리와 원칙이 통하는 나라로서
하나님을 경외하는 나라요, 하나님을 중심한 나라입니다. 그
원리와 원칙이 예수 그리스도의 복음입니다.

마태복음 4:4, 7, 10

마가복음 3:35

누가복음 8:21

요한복음 4:24

1. 하나님 나라의 임함을 파괴하는 요소는
   무엇입니까?

2. 하나님의 나라를 위하여 내가 지금 해야 할 일은 무엇이라
   고 생각하십니까?

기억하기

예수의 복음에 나타난 하나님 나라는 유대인들이 바라는 왕국이 아니었습
니다. 왕국과 같이 건설하며 싸우는 것이 정당화되는 성전(holy war)이 없
습니다. 왕국은 통치자가 지배하고, 군림하지만 하나님의 나라는 사랑과
용서와 섬김의 나라입니다. 막연한 미래의 나라가 아니라 현재적으로 임하
는 나라입니다. 예수의 복음은 창조의 질서 가운데 서로가 지켜 나아가야
하는 질서요, 인류와 세상이 더불어 사는 영원한 나라입니다.

준비하기

1. 다음 과의 외울 말씀을 암송합시다.

2. 증인과 제자의 차이점을 알아 봅시다.

7

예수의 복음과 증인(1)

읽 기 　　누가복음 24:44-49

외우기 　　누가복음 9:26

누구든지 나와 내 말을 부끄러워하면 인자도 자기와 아버지
와 거룩한 천사들의 영광으로 올 때에 그 사람을 부끄러워하
리라

이해돕기

미국 독립전쟁 당시 펜실베이니아에 피터 밀러라고 하는 많은 사람에게
사랑을 받는 목사님이 계셨습니다. 그러나 목사님을 미워하고 모욕하는 한
사람이 교회 옆에 살았습니다. 이 사람은 교회를 적대할 뿐만 아니라 국가
의 반역자로 밝혀져 반역죄로 사형선고를 받았습니다. 재판은 필라델피아
에서 열렸는데, 밀러 목사님은 이 소식을 듣고 걸어서 워싱턴 장군에게 가
서 그의 목숨을 살려줄 것을 탄원했습니다. 그러나 워싱턴은 "죄송합니다
만 나는 당신 친구를 위한 요청을 받아들일 수 없습니다."라고 대답했습니
다. 목사님은 "그가 내 친구라고요? 그 사람은 동네에서 가장 반대하는 대
적자입니다." "뭐라고요?" 워싱턴이 놀라서 그 이유를 물었습니다. 상황
설명을 들은 워싱턴 장군은 이렇게 말했답니다. "당신은 원수의 목숨을 구
하기 위해 60마일을 걸어왔다는 말입니까? 이것은 나로 하여금 이 문제를
새로운 관점으로 보게 하는군요. 나는 당신 때문에 그를 용서합니다." 그
사면은 워싱턴 장군에 의해 승인되었고 밀러 목사님은 그날 사형 집행이
예정되어 있는 곳으로 15마일을 걸어갔습니다. 그가 도착하는 순간에 그
사람은 교수대로 옮겨지고 있었습니다. 그는 밀러 목사님을 보자 "저기 늙
은 피터 밀러가 있구나. 그는 내가 교수형 당하는 것을 보고 그의 복수심을
만족시키기 위해 에브라다에서 왔나" 하고 소리쳤습니다. 그러나 그가 말

을 마치자마자 밀러 목사님은 이 죄수에게로 다가와서 그의 생명을 구할
사면장을 건네주었답니다.

예수께서 함께 하시고자 소수의 무리들을 부르셨습니다. 헬라어에서 이들
을 제자로 부릅니다. 그러나 예수의 복음에서는 예수 그리스도의 증인들이
라고 부르고자 합니다. 만약 예수께서 단순히 제자를 원하셨다면 '그 부름
받은 자들이 제자로 합당한 그룹들인가' 또한 '예수의 사역이 제자교육에
초점을 맞추셨는가' 하는 의문이 듭니다. 이에 대한 대답은 부정적입니다.
예수께서는 본대로 들은 대로 전하는 증인들을 원하셨습니다. 사역 말기에
제자들을 향하여 '너희는 나의 증인이라' 고 말씀하십니다. 오늘날 그리스
도인들 역시 예수의 증인들입니다.

살펴보기

그들은 예수님의 제자였습니다.

제자란 헬라어의 마데테스($\mu\alpha\theta\eta\tau\acute{\eta}s$)로서 일반적인 의미에서
가르침을 받고 영향을 받는 '학생', '제자' 를 부르는 말입니
다. 히브리어 '탈미드' (תַּלְמִיד)(대상 25:8)로서 구약성서에는
이에 해당하는 단어가 단 한번밖에 나오지 않습니다. 그 이유
는 신과의 관계에서는 기술이나 지식의 전달과 전수로 스승이
나 선지자가 되지 않기 때문입니다. 계시종교인 기독교에서
는 오직 하나님의 절대적인 주권과 사역 안에서 개인적으로
소명과 사명을 받기 때문입니다. 그러므로 구약의 선지자들
을 따르는 그룹은 있었으나 그들은 제자라는 의미보다 추종자
들로 표현하는 것이 합당합니다. 성서가 기록될 당시에 달리
다른 용어로 사용되지 못한 이유는 헬라어의 제자($\mu\alpha\theta\eta\tau\acute{\eta}s$:
마데테스)라는 단어가 당시 문화적으로 추종자들을 일컫는
용어로 교회에 받아 들여졌기 때문입니다. 교회는 이를 받아
들여 선택된 소수의 사람들에게 권위를 부여하였던 것입니
다.

2 증인으로 부름받은 제자였습니다.

증인이란 헬라어 마르투스($\mu\alpha\rho\tau\upsilon\varsigma$)로 '어떤 것에 관하여 이야기할 수 있는, 증언할 수 있는 사람' 입니다. 일반적으로 법정에서 사용되는 용어로서는 어떤 고소에 대한 증언을 말합니다. 두 가지 내용을 증언합니다. 하나는 경험적으로 검증될 수 없는 진리나 신념적인 견해에 대한 확신있는 선포입니다. 또 하나는 감각기관의 경험을 통한 증거입니다. 복음서 기록자들은 한결 같이 '예수께서 가라사대' 라고 증거하고 있습니다.

1) 소명. 당시 제자들은 스승을 찾아가는 것이 일반적이나 예수께서는 소수의 함께 할 사람들을 직접 선택하셨습니다. 그들을 부르심은 오직 '그 분만의', '그 분에 의해서' 이루어졌습니다. 왜냐하면 주님만이 행하여 할 일을 아시며, 계획과 목적을 가지고 계시기 때문입니다. 또한 당시 스승은 그의 자질과 자격을 시험하고 받아들였습니다. 그런데 예수는 자격을 논하지 않으셨습니다. 증인들은 단지 부르신 사실과 사건 앞에 저항할 수 없는 힘에 의하여 전인격적으로 응답함으로써 이루어졌습니다.

마태복음 26:46

요한복음 12:26

마태복음 4:21

마태복음 9:9

마가복음 3:13

2) 예수님은 제자들이 하나님 앞에 선 인간처럼 절대적인 관계를 갖기를 원하셨습니다. 일반적으로 제자들은 가르침을 받을

때에는 자기의 것을 접어 두고 배우고 익힌 후에는 자기의 연구와 사상에 의하여 명예와 권위를 인정받았습니다. 그러나 예수께서 부르신 소수는 처음부터 끝까지 모든 것을 포기하기를 원하셨습니다. 그리고 예수님과 인격적인 관계 속에서 보고 듣고 함께 하기를 요구하셨습니다. 증인의 증인됨은 단순히 듣고 본 것을 그대로 전하는 사람이기 때문입니다. 예수님은 그들에게 함께 하며 듣고, 보고, 함께 경험하도록 하셨습니다.

마태복음 8:22

마태복음 16:24

누가복음 9:62

3) 예수께 필요한 사람들은 제자보다는 '증인' 이었습니다. 예수님은 소수의 사람들을 가르치시기 보다는 복음을 선포하셨습니다. 선택된 소수의 무리들은 보고 들으며 함께 하였습니다. 때로 의문나는 것은 묻기도 하였으나 예수는 이해시키는 일에 큰 비중을 두지 않으셨습니다. 왜냐하면 예수의 선택된 소수의 무리들은 예수의 복음사역을 보고, 들은 바를 그대로 전하면 되었기 때문입니다.

마가복음 8:17, 21

요한복음 16:12

4) 사명.   예수님은 그들을 보내어 저들이 보고들은 바를 전하고 행하도록 하셨습니다. 사도란 헬라어 '아포스톨오스' ($\dot{a}\pi\acute{o}\sigma\tau o\lambda o\varsigma$)로 '보내심을 받은 자' 들입니다. 그들은 주님에 의하여 부르심을 받은 자요, 주님과 함께 한 자요, 주님의 보내심을 받은 자들이며, 나아가 주의 복음을 증거하도록 선택

된 자들입니다. 그들은 임무는 "전도도 하며 귀신을 내어쫓는 권세도 있게 하려 하심"이었습니다. 전도란 예수 그리스도의 복음을 증거하는 일입니다. '귀신을 내어쫓는 권세'에 대하여는 광의적인 일로 '병 고치는 일'을 포함합니다. [참고, 요일 1:1, 2; 4:14; 계 1:2]

마가복음 3:14

5) 예수님은 소수의 사람들에게 제자가 아닌 증인됨을 선언하셨습니다. 그들 역시 스스로 증인임을 선언하였습니다[참고, 행 2:32; 3:15; 5:32; 13:31; 22:20]

누가복음 24:48

사도행전 1:8

3 증인으로의 길

1) "자기를 부인하고". 이는 자기 존재에 대한 부정을 의미하는 것이 아닙니다. 심리학적인 용어를 빌리면 '이드' (id)에 대한 부정입니다. 하나님을 떠난 역사 속에 있는 '이드'는 언제나 생각없이 단지 바라기만 합니다. 자기 부정은 이기적인 욕망이나 사고, 가치관 등을 부인하는 것을 말합니다.

마태복음 23:11

마가복음 10:37

누가복음 9:48

2) "자기 십자가를 지고". 예수께서 십자가에 죽으시기 전에 '그들이 십자가의 의미를 알 수 있었을까요?' 복음서 기자의 의도는 증인은 자기 사명을 위한 수고와 헌신을 말합니다. 남의

십자가가 아니라 자기 십자가입니다. 예수 그리스도의 증인
은 욕망과 욕구에 길들여진 '자기'의 갈등이 없을 수는 없으
나 그것을 감수하고 따를 것을 요구합니다.

마가복음 8:35

3) 한 가지 더 중요한 교훈이 복음서에 기록되어 있습니다. 부름
받은 자들은 특권의식을 버려야 합니다. 복음 전파가 열둘만
의 사명은 아니기 때문입니다.

마가복음 9:38-41(누기복음 9:40, 50)

신앙생활에는 증인들이 보고 들은 것을 증거
하는 것같은 단순한 마음과 자세가 필요합니
다.

1) 내가 부정해야 할 것은 무엇입니까?

2) 나의 십자가는 무엇입니까?

3) 내가 가지고 있는 특권의식은 무엇입니까?

기억하기

예수님은 함께 할 사람들을 부르셨습니다. 그들은 예수님과 함께 하며 예
수님의 모습과 말씀과 행하심을 보도록 하였습니다. 그들에 요구되는 것은
자기를 부정하고 자기의 십자가를 지고 예수님을 따르는 것이었습니다. 단
순한 마음으로 예수님의 따르며 예수님과 그의 복음을 그대로 증거하면
되기 때문입니다.

준비하기

1. 다음 과의 외울 말씀을 암송합시다.

2. '사명을 위해 고생하는 것' 과 '고생하는 것이 사명' 이라는
   말의 차이점을 생각해 봅시다.

8

예수의 복음과 증인(2)

읽 기 누가복음 9:1-6.

외우기 누가복음 10:16

> 너희 말을 듣는 자는 곧 내 말을 듣는 것이요 너희를 저버리는 자는 곧 나를 저버리는 것이요 나를 저버리는 자는 나 보내신 이를 저버리는 것이라 하시니라

이해돕기

1780년 5월경 뉴잉글런드에 원인을 알 수 없는, 하늘이 어두워지는 돌연한 일이 일어났습니다. 시내는 온통 수라장이 되었습니다. 사람들은 그들의 모든 세상사를 다 버리고 오로지 기도와 선한 일을 시작했습니다. 그들은 최후의 심판의 날이 온 것이라고 생각했습니다. 그때 마침 커네티컷 주의 의회가 개회 중이었습니다. 의회가 한참 중반전에 들어왔을 때 하늘이 어두워졌기 때문에 회의를 연기하자는 동의가 있었습니다. 의원 중 한 사람이 동의하지 않고 일어나 발언했습니다. "의장, 오늘이 최후의 심판의 날이든지 아니든지 상관할게 아닙니다. 만일 심판의 날이 아니라면 연기할 필요가 없습니다. 또 만일 심판의 날이라고 해도 우리의 의무를 알아야 합니다. 촛불을 켜고 회의를 진행할 것을 제의합니다." 사명을 맡은 자는 마지막 순간까지 최선을 다하는 사람이요, 바른 증인은 솔직하게 증거하는 것입니다. 예수님의 보내심을 받은 사람들은 자기의 사명을 위해 최선을 다해야 합니다.

증인들을 보내심

1) 열두 제자들을 보내심(막 6:7-13; 마 9:35, 10:1, 9-11, 14; 눅 9:1-6.).

(1) 제자를 파송하는 사건은 예수의 복음 사역에 두 가지 중요한 의미가 있습니다. 제자들 입장에서는 지금까지 보고 듣고 배우던 차원에서 실제적으로 실천하는 단계에 이른 것입니다. 주님의 편에서는 공생애의 절정에 복음 사역의 위임을 의미합니다. 그들은 예수에 의하여 보냄을 받은 자들입니다.

마가복음 3:14

마가복음 6:7

(2) 사명을 위하여 보냄 받은 자들의 생활윤리
① 소유에 대한 윤리.　사명자가 오직 사명만을 생각하고 다른 생각이나 소유를 의지해서는 안됨을 의미합니다. 간편한 차림은 효과적인 여행을 위하여, 물질을 소유하지 않음은 오직 하나님을 의지하도록 하기 위함입니다. 오직 예수의 복을을 위하여 단순한 생활을 원하셨습니다.

마가복음 6:8

② 생활에 대한 윤리.　증인들은 어느 특정인을 대상으로 전한 것이 아닙니다.

누가복음 6:4-8

나는 예수의 증인으로서 가정이나 사회에서 어떠한 일을 해 보았습니까?

2) 칠십 인의 복음 전도자들을 보내심(마 9:37, 38, 10:7-16, 40; 눅 10:1-16. 17-20.).

(1) 칠십 인은 "주께서 달리" 세우신 사람들이다. 열두 사도와 구별되나 예수의 증인들입니다. 그들은 예수께서 친히 가시려는 동네에 앞서 보내진는 자들이었습니다. 예수의 길을 예비하는 자들이요, 하나님 나라의 복음전파의 전령자들입니다.

마태복음 9:37-38

(2) 경계하심.   예수의 증인들이 전해야 할 대상은 유대주의자, 율법주의자, 전승과 전통에 익숙한 민족주의자들입니다. 종교적인 이들에게 예수의 복음은 혁명이요, 반역으로 들릴 것입니다. 보냄을 받는 칠십 인은 그들에 비하면 세상직으로 직은 존재들입니다. 그리므로 혼합주의와 세속주의에 물들지 말고 예수 그리스도의 복음 안에 순수성을 지키며 생활할 것을 당부하셨습니다.

마태복음 10:16

지역 전도와 다른 민족 선교에 참여한 경험이 있습니까? 그 경험을 나누어 봅시다.

3) 특별히 전도자에게 주는 교훈. 먼저 소유에 대하여 경계하신다.

　(1) 복음에 앞서 미래를 염려하지 마라.

　　마태복음 6:31

　　누가복음 10:4

　(2) 거리에서 인사하는 것조차도 허비하지 말라.

　　누가복음 10:5

　(3) 예수의 복음은 평안과 평화이다.

　　누가복음 10:6

　(4) 한 집에서 머물며 주는 것을 먹으라.

　　누가복음 10:7

　(5) 보냄을 받은 자의 사명이 있다.

　　누가복음 10:9

　(6) 보냄을 받은 자는 심판적 요소가 있다.

　　누가복음 10:10-16

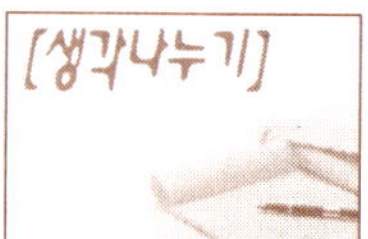

직접 선교하는 이들을 위하여 내가 도울 수 있는 일은 무엇인지 생각해 봅시다.

2 모든 민족을 향하는 증인

예수 그리스도는 갈릴리에서 부름받은 제자들에게 세계를 향하도록 하십니다. 평생 팔레스틴에 살고, 그 밖으로 나가보지 못한 이들에게 세계 선교를 품게 하십니다. 주님은 제자들에게 세계를 향한 소망을 주셨습니다.

마태복음 28:18-20

"예수께서 나아와 일러 가라사대 하늘과 땅의 모든 권세를 내게 주셨으니 그러므로 너희는 가서 모든 족속으로 제자를 삼아 아버지와 아들과 성령의 이름으로 세례를 주고 내가 너희에게 분부한 모든 것을 가르쳐 지키게 하라 볼지어다 내가 세상 끝날까지 너희와 항상 함께 있으리라 하시니라."

예수는 팔레스틴에 유대인만을 생각하는 제자들에게 '모든 족속' 이 있음을 상기시켜 주신 것입니다.

기억하기

증인은 단순히 보고 들은 것을 전하는 자입니다. 예수의 증인들은 예수님을 증거하는 사람입니다. 예수님은 증인들을 선택하시고 일정한 기간이 지난 후에 세상으로 보내셨습니다. 그들은 보냄을 받은 증인으로 예수의 복음 사역을 그대로 행하였습니다. 보냄을 받은 자는 보낸자의 뜻을 따라 행하는 자입니다. 오늘날 그리스도인들은 생활의 현장에서 삶을 통하여 예수의 복음을 전하는 사람입니다. 말을 할 때 예수의 복음을 말하는 것같이, 행동할 때 예수의 모습으로 행하는 것입니다. 예수의 증인들은 이스라엘 사람이었으나 예수님은 세계를 향해 보내십니다.

준비하기

1. 다음 과의 외울 말씀을 암송합시다.

2. 이스라엘 지도를 그리며 지명에 대하여 알아봅시다.
   □ 가나안　　□ 사마리아　　□ 유대　　□ 예루살렘
   □ 가나　　□ 가버나움　　□ 수가　　□ 여리고
   □ 갈릴리 호수　　□ 요단강　　□ 사해

9

씨뿌리는 자의 비유

찾 기 마가복음 4:3-9

외우기 요한복음 9:4

때가 아직 낮이매 나를 보내신 이의 일을 우리가 하여야 하리라 밤이 오리니 그때는 아무도 일할 수 없느니라

읽 기

마가복음 4:3~9

들으라 씨를 뿌리는 자가 뿌리러 나가서 뿌릴새

더러는 길 가에 떨어지매 새들이 와서 먹어 버렸고 더러는 흙이 얇은 돌밭에 떨어지매 흙이 깊지 아니하므로 곧 싹이 나오나 해가 돋은 후에 타져서 뿌리가 없으므로 말랐고 더러는 가시떨기에 떨어지매 가시가 자라 기운을 막으므로 결실치 못하였고 더러는 좋은 땅에 떨어지매 자라 무성하여 결실하였으니 삼십배와 육십배와 백배가 되었느니라 하시고

또 이르시되 들을 귀 있는 자는 들으라 하시니라

살펴보기

비유의 배경

본문은 좁은 이스라엘 농촌에서 흔히 볼 수 있는 팔레스틴의 농사풍경입니다. 팔레스틴 지형은 석회층 위에 흙이 얇게 깔려 있기 때문에 어느 땅 밑에 반석이 있는지 분간할 수 없습니다. 기름진 땅이 있는 한국과는 사뭇 다릅니다. 그래서 밭을 일구는 일보다 앞서 씨앗을 뿌립니다. 그 다음에 흙을 갈아엎듯이 씨를 덮고, 경작하여 추수합니다. 암반이나 흙이 얇은 곳에는 식물이 자라지 않아 사람들이 싹이 자랄 곳을 피하여 자주 왕래하기 때문에 길이 되어 버립니다.

2 본문의 제목 정하기

제목을 정하는 일은 아주 중요합니다. 본문 해석이 제목을 중심으로 되기 때문입니다. 그러나 예수님의 비유는 단순하고 명료합니다. 대부분 서두에 그 말씀하시고자 하는 내용이나 주제 혹은 제목이 나옵니다. 본문은 역사적으로 그 주제를 두 가지로 말해 왔습니다. 즉 '씨뿌리는 자의 비유', '밭에 비유' 입니다. 둘 중에 하나를 선택하기 전에 예수님의 사역의 배경을 살펴보기로 하겠습니다.

예수께서 활동하실 당시에 예수의 초기 사역은 오늘날 우리가 생각하는 것만큼 빠른 결실을 얻지 못하였습니다. 대부분의 신학자들은 씨뿌리는 자의 비유는 예수의 복음이 선포될 당시 반대하는 자들과 떠나는 이들을 보는 제자들에게 일종의 변호적으로 주어진 것이라고 합니다. 중요한 것은 예수님은 인간의 눈에는 많은 노력이 헛되고, 실패로 보일지라도, 예수께서는 결실할 그 날을 보며 소망 가운데 기쁨과 확신으로 가득 차 있습니다.

이 비유는 씨뿌리는 자의 비유입니다. 예수는 씨뿌리는 자로서 사람들 중에 계십니다. 지금 예수님의 현실에는 예수의 복음을 거부하고, 비판하고, 오히려 예수를 죽이려는 당시 종교 지도자들과 그들에게 속한 이들이 있습니다. 그들에 비하면, 예수님과 그의 복음을 따르는 사람들은 너무나 초라하였습니다. 그래서 예수님을 떠나는 이들도 있었습니다. 이들에게 무엇을 말씀해야겠습니까? 예수 그리스도는 자신을 씨뿌리는 자로 비유하신 것입니다. 씨뿌리는 자는 소망 가운데 씨를 뿌릴 뿐입니다. 더러는 열매를 맺지 못할 수도 있습니다. 그러나 그 중에는 반드시 열매맺는 씨가 있습니다. 이 비유로 초기 교회의 전도자들과 오늘날의 그리스도인들에게 위로와 소망을 주시는 말씀입니다.

마태복음 9:37~38

3 비유분석

1) 이 비유에는 누가 나옵니까?

2) 무엇을 합니까?

3) 반복되는 행동과 문체는 무엇입니까?

4) 씨가 떨어진 곳과 결과는 어떻게 되었습니까?

　　①

　　②

　　③

　　④

5) 씨뿌린 자가 뿌린 땅은 사람의 어떤 사람과 같을까요?

   ①

   ②

   ③

   ④

4. 비유의 결론

이 비유는 네 종류의 밭에 대한 비유가 아닙니다. 열매를 맺을 수 있는 땅이 되도록 사람들에게 자기 반성이나 회개를 촉구하는 내용도 아닙니다. 물론 '씨앗이 길가나 가시덤불이나 바위 위에 떨어지지 않도록 조심하라. 길 같은 마음은 갈고 가시덤불은 제거하고 돌은 깨뜨려 옥토를 만들라.' 고 할 수 있습니다. 그러나 인간의 마음을 스스로 변화시킬 수 있겠습니까? 인간의 인간 됨을 아시는 주님께서 이러한 비유로 청중들에게 무리한 교훈은 하지 않으셨습니다.

예수의 복음은 단순히 씨뿌리는 자처럼 씨를 뿌리라는 것입니다. 더러는 열매를 맺지 못할 수도 있습니다. 그러나 그 중에는 반드시 열매를 맺는 씨가 있습니다. 그러므로 '너희는 씨뿌리는 자와 같이 믿음과 사랑의 씨를 뿌리라. 비록 그 수고가 길가와 돌 위와 가시덤불 같은 곳에서 열매맺지 못할지라도 씨를 뿌리라. 언젠가 그 수고의 일부가 옥토와 같이 열매맺을 것을 소망하며 계속해서 뿌리라' 는 것입니다. 이와 같이 비유는 예수께 속한 이들에게 인내할 것을 깨닫게 하는 동시에 위로하고, 격려하며, 소망을 주고자 하신 것입니다.

마태복음 13:24-30

마태복음 13:31-32

1. 나는 무엇을 뿌리고 가꾸고 있는가?

1) 마음:

2) 행동:

2. 나의 삶의 현실은 어떤 땅과 같은가. 그 이유는 무엇입니까?

3. 이 현실 속에 주님은 내게 어떤 소망을 주시고 계십니까?

준비하기

1. 다음 과의 외울 말씀을 암송합시다.

2. 나의 이웃과 누군가의 이웃의 차이점을 생각해 봅시다.

10

강도 만난 자의 이웃

읽 기   누가복음 10:25-37

외우기   누가복음 10:36~37

> 네 의견에는 이 세 사람 중에 누가 강도 만난 자의 이웃
> 이 되겠느냐 가로되 자비를 베푼 자니이다 예수께서 이
> 르시되 가서 너도 이와 같이 하라 하시니라

이해돕기

〈마음을 열어 주는 101가지 이야기〉라는 책에 있는 글입니다. 스위스와 일본에서 이민 온 두 가족이 이웃이 되어 샌프란시스코 근처에 각자 장미 농장을 일구어 꽃을 샌프란시스코로 배달하는 사업을 하며 정착하였습니다. 이들의 장미꽃은 샌프란시스코 꽃시장에서 널리 알려져 두 가족은 웬만큼 성공을 거두었습니다. 거의 40년이 넘도록 두 가족은 이웃으로 살았습니다. 그리고 그 아들들이 농장을 물려받았습니다. 그러다가 1941년 12월 7일에 일본이 미국 진주만을 공격했습니다. 다른 식구들은 이미 미국인으로 귀화했지만 그 일본인 가정의 아버지만은 고집스럽게 일본 국적을 간직하고 있었기 때문에 그의 가족은 곧 강제 수용소로 끌려갈 처지가 되었습니다. 그들은 끌려가고 나면 장미 농장은 폐허가 되어 버릴 것이 분명했습니다. 이때 이웃에 사는 스위스인 가족이 찾아와서 말했습니다. "아무 염려하지 마시오. 우리가 당신들의 농장을 대신 돌봐 주겠소." 수없이 감사하는 일본인 가족에게 스위스인은 말했습니다. "당신들이라도 당연히 그렇게 했을 겁니다." 얼마 후에 일본인 가족은 콜로라도 주 그라나다에 있는 황폐한 장소로 강제 이주 당했습니다. 4년이 지난 어느 날 전쟁이 끝나고 일본인 가족은 오랜 기간의 유배가 끝나고 마침내 집으로 돌아왔습니다. 그 가족이 열차에서 내리자 이웃이 마중을 나와 있었습니다. 집으로

돌아온 일본인 가족은 자신들의 눈을 의심하지 않을 수 없었습니다. 그들이 떠날 때와 마찬가지로 잘 다듬어진 장미 농장이 햇빛을 받으며 싱싱하게 자라고 있었습니다. 그리고 스위스인은 은행 예금통장을 일본인의 손에 건네주었습니다. 일본인이 집안으로 들어갔을 때 집안 역시 잘 관리되어 있었습니다. 거실의 테이블 위에는 이제 막 피어나기 직전의 붉은 색 장미 송이 하나가 꽂혀 있었습니다. 한 이웃이 다른 이웃에게 주는 선물이었습니다. 이것이 그리스도인의 모습이요, 하나님 나라 백성의 모습이 아닐까요? 예수의 복음은 나의 이웃을 찾기보다는 필요로 하는 사람의 이웃이 되어 줄 것을 말씀하십니다.

살펴보기

본 문

(29) 이 사람이 자기를 옳게 보이려고 예수께 여짜오되 '그러면 내 이웃이 누구오니이까' (30) 예수께서 대답하여 가라사대 '어떤 사람이 예루살렘에서 여리고로 내려가다가 강도를 만나매 강도들이 그 옷을 벗기고 때려 거반 죽은 것을 버리고 갔더라 (31) 마침 한 제사장이 그 길로 내려가다가 그를 보고 피하여 지나가고 (32) 또 이와 같이 한 레위인도 그 곳에 이르러 그를 보고 피하여 지나가되 (33) 어떤 사마리아인은 여행하는 중 거기 이르러 그를 보고 불쌍히 여겨 (34) 가까이 가서 기름과 포도주를 그 상처에 붓고 싸매고 자기 짐승에 태워 주막으로 데리고 가서 돌보아 주고 (35) 이튿날에 데나리온 둘을 내어 주막 주인에게 주며 가로되 이 사람을 돌보아 주라 부비가 더 들면 내가 돌아올 때에 갚으리라 하였으니 (36) 네 의견에는 이 세 사람 중에 누가 강도 만난 자의 이웃이 되겠느냐? (37) 가로되 '자비를 베푼 자니이다' 예수께서 이르시되 '가서 너도 이와 같이 하라 !' 하시니라

이 본문은 흔히 '선한 사마리아인의 비유' 로 잘 알려져 있습

니다. 그러나 예수께서는 유대인들이 적대시하는 사마리아인의 이웃을 말씀하신 것이 아닙니다. 율법사가 '내 이웃은 누구입니까' 라는 질문에 이웃을 설명하고 있습니다. 즉, 예수 그리스도의 복음은 '이웃이 누구인가?' , '어떻게 이웃 사랑을 사랑할 것인가' 를 말씀하는 것입니다. 예수께서는 '율법사의 이웃' 이 아니라 '강도 만난 자의 이웃이 누구이냐' (36절)를 묻고 계십니다. 그러므로 이 비유의 제목은 "강도 만난 자의 이웃" 이 보다 합당합니다.

2 비유의 배경

1) 본문의 발단

비유는 예수님을 시험하기 위하여 온 율법사로부터 시작됩니다. 율법사는 율법을 연구하여 해석과 적용하고 가르치는 사람으로서 유대 사회에서는 그 권위를 인정받고 존경받는 신분입니다. 그가 예수를 찾아 와서 신학적인 질문을 던지는 의도는 예수를 시험하기 위함이었습니다(25절). 율법사와 예수님의 질문과 대답을 살펴봅시다.

율법사 누가복음 10:25

예수님 누가복음 10:26

예수님의 반문에 두 개의 질문이 있음에 유의하십시오.

율법사 누가복음 10:27

예수님 누가복음 10:28

율법사 누가복음 10:29

이 비유는 율법사가 말의 트집을 잡으려고 구체적인 적용을 요구하는데 대한 대답으로 주어진 것입니다.

2) 지형적인 배경

예루살렘은 여리고 보다는 높은 지대에 위치해 있습니다. 예루살렘은 해발 700m이고, 여리고 근방의 사해는 해수면보다 낮은 해발 -400m이다. 그러므로 예루살렘에서 여리고를 통한 사해까지의 30Km정도의 거리가 약 1100m의 낙차를 이루고 있습니다. 예루살렘에서 여리고로 내려가는 길은 유대 광야로 굴곡이 심하고 험하여 강도들이 자주 나타나는 지역이었습니다. 그래서 당시에는 "붉은 길" 혹은 "피의 길"이라고 불렸다고 합니다.

강도 만난 자의 이웃의 비유에서 나는 어떤 역할이 적합합니까?

3 비유 분석

1) 서론적인 대화를 읽어봅시다.

누가복음 10:27-29

이웃은 사랑할 대상입니다. 그리고 예수께서는 '나의 이웃'을 찾는 율법사에게 어려움을 당하는 자의 이웃을 말씀하십니다. '나의 이웃'이 아니라 누구의 이웃이 되겠느냐가 중요한 것입니다. 이기적인 사랑이 이타적으로, 도움을 필요로 하는 사람의 관점으로 전환되는 것을 볼 수 있습니다.

마태복음 5:44-47

2) 비유에 등장하는 인물들을 기록해 봅시다.

3) 누구를 중심으로 이야기가 전개되고 있습니까?

비유에서 강도만난 자는 사건이 이루어진 지역과 예루살렘에서 내려오는 것으로 보아 유대인일 가능성이 큽니다.

4) 강도만난 자의 상황은 어떻습니까?

누가복음 10:30

강도만난 자는 가난한 자요, 병든 자요, 세리요, 범죄자요, 창녀, 사마리아인, 강도 등등. 관심 밖에 사람들은 잊혀진 사람들과 알지 못하는 사람까지 포함합니다.

5) 사마리아인은 강도만난 사람을 어떻게 도와주었습니까?

① 감정

누가복음 10:33

마가복음 12:31

② 행동: 사마리아인은 마치 자신이 강도만나 고통당할 때에 필요를 따라 행동하였습니다.

누가복음 6:31

누가복음 10:34

③ 풍성한 사랑

누가복음 10:35

누가복음 6:35

④ 예수님의 질문과 율법사의 대답

누가복음 10:36-37

율법사는 사마리아인이라는 직접적인 언급을 회피하고 있습니다. 유대지역과 이기주의의 편견을 넘지 못하고 있습니다. 예수의 복음은 행위를 가르칩니다. "가서 너도 이와 같이 하라!" 예수의 복음은 단순히 믿는 긍정적인 마음뿐만 아닙니다. 보다 적극적인 의미에서 실천하는 믿음을 말합니다. 영생에 관하여 누가복음 18:18-30에 다시 언급하게 됩니다. 두 본문은 똑같이 후반부에 더 적극적인 적용으로 이어집니다. 본문은 강도만난 자의 이웃이요, 18장에는 재산을 나누어 주고 예수를 쫓을 것을 말씀하십니다. 두 본문의 공통적인 요구는 신앙고백적인 행위입니다.

나의 삶의 현장에서 강도만난 사람을 찾아봅시다.

4. 비유의 결론

예수의 복음은 모든 사람에게 열려져 있습니다. 율법은 '네 이웃을 사랑하라' 는 것이나 주님은 '네 원수까지 사랑하고, 이웃이 되어라' 고 말씀하십니다. 율법사는 자기 이웃의 한계를 요구하는 질문을 하였습니다. 그러나 예수 그리스도의 복음은 전혀 뜻밖에 사람의 이웃이기를 요구하고 있습니다. 유대인들은 역사적, 지역적, 종교적으로 예루살렘과 사마리아를 가르고 대립 관계로 여겼습니다. 그러나 예수의 복음은 강도만난 자의 진정한 이웃은 제사장도 아니요, 레위인도 아니요, 더 나아가 유대인도 아니라 유대인들이 천대하고, 미워하고, 증오하고, 멸시하는 바로 사마리아인이었음을 말씀하십니다.

유대인으로서는 감히 상상도 하지 못하는 파괴적인 비유입니다. 우리는 생각지도 않은 시간과 장소에서 이웃이기를 원하는 사람들을 만납니다. 그 때 과연 예수의 복음적인 사랑으로 그 이웃이 되어 줄 사람은 누구인가? 다음의 말씀을 읽으며 맺도록 하겠습니다.

누가복음 6:27-35

비유의 말씀을 공부하고 자신을 위하여 드릴 기도문을 저어 봅시다.

준비하기

1. 다음 과의 외울 말씀을 암송합시다.

2. 율법적인 것과 신앙 고백적이라는 말의 차이점을 생각해
   봅시다.

11

사랑과 용서와 섬김

읽 기   요한 복음 13:34-35

외우기   요한복음 3:16

> 하나님이 세상을 이처럼 사랑하사 독생자를 주셨으니 이는 저를 믿는 자마다 멸망치 않고 영생을 얻게 하려 하심이니라

이해하기

마이라 브로거는 아름다운 여배우로서 뺑소니 운전사에게 치여 죽을 뻔하였습니다. 그 사고로 그녀는 비록 절름발이가 되었지만 여전히 아름다웠습니다. 그녀는 인기 있는 TV 탤런트였습니다. 남편은 그녀가 그 사고에서 회복될 때까지만 같이 있고 그 뒤에는 냉정하게 그녀에게서 떠나버렸습니다. 마이라에게 '전 남편을 용서할 수 있느냐' 고 물었답니다. 그녀는 '용서할 수 있다' 고 대답하였습니다. 그녀에게 '어떻게 그렇게 생각하느냐' 고 다시 물었습니다. 그녀는 "나는 그 사람이 잘 되기를 진심으로 바라고 있기 때문이에요"라고 말했습니다. 다시 그녀의 말을 꺾으려는 듯이 이렇게 말했답니다. "만약 그 사람이 아름답고 젊은 여배우와 재혼했어도 그 남자가 여배우와 행복하게 되기를 기도할 수 있겠소?" 이에 그녀가 화를 내리라고 생각했으나 그녀는 당연하다는 듯이 "그럼요, 나는 그렇게 할 수 있어요. 그리고 그렇게 할 거예요. 스티브는 사랑이 몹시 필요한 사람이에요. 나는 그 사람이 누군가에게 사랑을 받게 되길 바래요."라고 대답하더랍니다. 그녀는 너무나도 단순하고 명랑하게 말을 했답니다. 이에 그녀의 용서가 순수한 것이며 그녀가 치유된 기억의 자유로운 물결 속에서 살아가고 있음을 알게 되었답니다. 그녀는 진정으로 그 남자가 잘되기를 바라고 있었던 것입니다.

"

한 여인의 생활 속의 이야기이지만 우리는 정말 누군가를 깊이 사랑할 수 있습니까? 예수의 복음은 사랑하라고 하십니다. 내 자존심을 상하게 하며 나를 모욕하는 이를 용서할 수 있습니까? 예수의 복음은 용서하라고 하십니다. 진정 내가 사랑할 수 없는 사람을 위하여 헌신하며 섬길 수 있습니까? 예수의 복음은 섬기라고 하십니다. 이런 사람이 복이 있다고 하십니다. 이것은 예수님의 명령입니다.

살펴보기

예수의 복음과 사랑

예수의 복음은 사랑으로 시작해서 사랑 안에서 선포됩니다. 우리는 사랑의 하나님을 믿습니다. 어거스틴은 "하나님은 마치 사랑할 사람이라고는 단지 한 사람뿐인 것처럼 우리 한 사람 한 사람을 사랑하신다"고 말합니다. 구약의 계명을 어떤 하나를 강조한다던가 아니면 하나로 말하기는 매우 어려우면서도 위험한 일입니다. 그러나 예수께서는 사랑의 복음으로 묶어 주십니다. 수직적인 하나님 사랑과 수평적인 사랑이 입체적으로 나타나는 것이다. 더 나아가 원수 사랑을 말씀하십니다.

1) 예수 그리스도의 사랑

요한복음 3:16

요한일서 4:19

요한복음 13:1

요한복음 10:17

요한복음 17:26

2) 비유 〈사랑의 아버지〉를 통한 하나님 사랑

누가복음 15:11-32을 읽어봅시다. 비유 전체에 아버지의 사랑으로 충만합니다. 하나님의 사랑과 자비를 잘 보여 줍니다. 유대인이든 헬라인이든 이방인이든 유식한 자나 무식한 자나 부자나 가난한 자나 바리새인이나 세리나 죄인들을 사랑하시는 하나님이십니다. 아버지에게는 두 아들이 있을 뿐입니다. 집을 나간 아들과 집안에 있는 아들입니다. 하나님께서 인간의 잘못과 부주의와 불성실과 무자비를 보고 계시고 그들을 벌하리라고 생각합니다. 우리가 사랑 받을 자격이 있어 사랑하시는 것이 아닙니다. 하나님께서 사랑의 눈으로 보고 계시기 때문입니다.

요한복음 10:16

마태복음 9:36

3) 사랑하라

랍비 힐렐(Hillel)은 어느 유대교 개종자로부터 짧은 시간에 율법의 전체를 가르쳐 달라는 부탁을 받았습니다. 이에 대한 대답은 '당신이 자기 자신에게 하기 싫어하는 일을 당신 이웃에게 하지 말라. 이것이 율법의 전체이다.' 아키바는 '이웃을 네 몸과 같이 사랑하라. 이것이 가장 일반적 율법의 본질이다' 라고 했습니다. 예수 그리스도는 하나님 사랑과 이웃 사랑과 원수 사랑과 핍박하는 이들까지 사랑하라고 말씀하십니다.

누가복음 6:27, 35

요한복음 15:10

베드로전서 4:8

2 예수의 복음과 용서

예수 그리스도의 용서는 하나님의 크신 사랑에 근거한 것입니다. 사랑이 크기에 모든 죄와 허물을 덮습니다. 예수의 복음은 회개보다 용서를 우선합니다. 회개는 이미 용서하시고 사랑하시는 하나님께 대한 고백입니다.

1) 예수 그리스도의 용서

마태복음 9:6

마태복음 9:13

마태복음 26:28

2) 비유 〈종들을 회계하는 임금〉을 통한 용서

마태복음 18:23-35을 읽어봅시다. 이 비유는 일만 달란트(1억 데나리온)를 갚을 능력이 없는 큰 빚을 진 종과 이를 불쌍히 여겨 탕감해 주는 임금 그리고 그 탕감 받은 종이 비교적 적은 액수인 백 데나리온 빚진 사람에게 무자비하게 행하므로 받는 형벌에 대한 내용입니다. 이웃과 동족의 잘못을 도무지 용서하지 않는 이들에 대한 예수의 복음입니다. 예수님의 십자가에서의 용서의 복음은 자신이 선포하시고 가르치신 사랑과 용서의 절정이라고 봅니다.

누가복음 23:34

3) 용서하라

마태복음 6:12

마태복음 18:22

마가복음 11:25

3 예수의 복음과 섬김

섬김이란 자신을 낮추는 행위입니다. 예수 그리스도의 섬김은 인간의 몸을 입고 세상에 오심으로부터 모든 삶을 말합니다. 하나님께서 인간으로 낮아지셨습니다. 사랑하시고, 찾아가시고, 복음을 선포하신 모든 것이 섬김이었습니다. 심지어 자기 목숨을 내어 주기까지 섬기는 자의 모습이셨습니다.

1) 예수 그리스도의 섬김

마가복음 10:45

누가복음 22:27

2) 행위를 통해 말씀하시는 섬김의 모습

요한복음 13:1-17을 읽어봅시다. 우리는 무엇보다 먼저 주님의 마음과 모습을 배워야 합니다. 세상 사람들은 무엇인가 가지면 이기적이고, 교만해지가 쉽습니다. 그러나 주님은 스스로 종이 되셨습니다. 허리에 수건을 두르고 물을 가져다가 발을 씻기는 것은 종의 모습입니다. 씻기는 것은 낮은 자의 일이기에 제자들은 서로 눈치만 보고 있을 때, 주님은 제자들의 발을 씻기셨습니다. 주님은 말씀하십니다. "너희가 이것을 알고 행하면 복이 있으리라."

3) 섬기는 자가 되라

마태복음 4:10

마가복음 9:35

예수님의 모습을 묵상하며 자신을 점검해 봅시다.

1) 나는 과연 얼마만큼 사랑하며 살아가는가?

2) 나는 과연 얼마만큼 용서하며 살아가는가?

3) 나는 과연 얼마만큼 섬기며 살아가는가?

기억하기

예수의 복음의 특징을 세 가지로 요약하면 사랑과 용서와 섬김입니다. 이는 예수 그리스도께서 친히 가르치시고 행하신 것입니다. 예수의 복음 앞에는 자격을 논한다는 것이 부끄러운 일입니다. 사랑의 마음으로 보는 예수의 복음은 모든 사람을 향한 것입니다. 그리고 모든 사람이 서로 행해야 할 일입니다. 인류가 영원히 살길은 서로 사랑하고, 용서하고 섬기는 일 뿐입니다.

준비하기

1. 다음 과의 외울 말씀을 암송합시다.

2. 십자가의 칠언을 적어 봅시다.

12

십자가와 예수의 복음

읽 기 마태복음 27:26-31

외우기 마태복음 28:20

> 내가 너희에게 분부한 모든 것을 가르쳐 지키게 하라 볼 찌어다 내가 세상 끝날까지 너희와 항상 함께 있으리라 하시니라

이해돕기

1865년 아주 추운 겨울, 눈보라가 치는 날이었습니다. 한 여인이 영국의 사우스 웨일즈라고 하는 곳에 언덕을 지나가고 있었습니다. 그녀는 남편없이 갓난아이를 안고 가다 길을 잃어버렸습니다. 추위에 떨다 못해서 이 어머니는 죽었습니다. 눈보라가 그친 후 이 여인이 앉아서 죽은 것이 발견됐습니다. 그런데 놀라운 것은 여자가 옷을 다 벗고 죽은 것입니다. 자기가 안고 있는 아이를 살리려고 자기는 하나씩 하나씩 옷을 벗어서 그 아이를 감쌌던 것입니다. 그래서 여인은 죽고 아이는 살았습니다. 한 사람이 아이를 맡아 키웠는데 이 아이가 커서 1916년 영국수상이 된 데이비드 로이드 조지입니다. 그는 이 어머니의 이야기를 어렸을 적부터 들으면서 자랐습니다. '어머니는 나를 위해서 알몸으로 죽었다' 는 그 뜨거운 사랑에 감격하고 친부모 없이 살았으나 그는 위대한 지도자가 됩니다. 한 여인이 죽어서 지도자를 살리고 그가 많은 열매를 맺었습니다.

복음서들은 예수의 십자가 위에서의 말씀에 대하여 각기 단편적으로 전해주고 있습니다. 물론 이것이 어떠한 배경에서 기록되었든지 복음서 기록자들은 예수 그리스도의 복음의 십자가 사건을 통해 큰 교훈을 전해주고 있습니다. 예수께서 십자가 위에서 하신 말씀을 모아 보면 일곱 마디가 됩니다. 그래서 가상 칠언이라고 합니다. 십자가의 복음은 예수의 복음의 절정입니다. 여기서 1.용서 2. 구원 3. 인륜 4.고뇌 5. 목마름 6. 완성 7. 하나님으로 나누어 공부해 보도록 하겠습니다.

살펴보기

용서의 복음

극한 상황에 인간은 폐쇄적이 됩니다. 생체의 리듬도 본능적으로 자기 방어 체제가 되며, 마음도 여유로울 수가 없습니다. 인간의 역사는 악한 상황 속에 분노와 증오, 반항과 보복의 심리에 의하여 마음이 닫히게 됩니다. 이것이 인간의 역사입니다. 그러나 예수 그리스도의 복음은 역사의 악순환의 리듬을 끊고 새로운 역사의 시작입니다. 종교인의 이기주의와 타락한 신앙심이 결국에 하나님의 아들을 죽이게 됩니다. 갈보리 언덕에 세워진 십자가에 들리는 인간들의 아우성, 피에 굶주린 악한 종교인들의 본성, 그리고 이에 희생당하는 십자가 위에서의 신음소리. 인간의 무지와 독선과 오만, 무지에서 오는 아우성. "저가 남은 구원하였으되 자기는 구원할 수 없도다 저가 이스라엘의 왕이로다 지금 십자가에서 내려올지어다 그러면 우리가 믿겠노라." 그러나 십자가 위에서 신음소리와 함께 들려오는 예수 그리스도의 복음은 자신을 죽이는 무리들의 죄에 대하여 하나님께서 용서를 구하는 기도였습니다.

마태복음 6:14-15

누가복음 11:4

누가복음 17:4

누가복음 23:34

2 구원의 복음

예수의 복음은 모든 인류와 피조물의 복음입니다. 신분이나 인종이나 국가의 차이가 없습니다. 예수 그리스도의 복음에는 유대인이나 이방인이 없습니다. 심지어 그 대상에 있어서 예수 그리스도의 복음에는 의(의인)과 악(악인)이 없으며, 선과 죄가 없습니다. 그러므로 예수의 복음은 모든 인류가 들어야하며, 행해야 할 영원한 진리입니다. 인간들은 예수 그리스도를 행악자와 함께 십자가에 처형하였습니다. 하나님의 아들이 행악하는 자와 나란히 죽음의 자리에 서신 것입니다. 그러나 예수 그리스도께서는 그 행악자들과 함께 계셨습니다. 그리고 구원의 복음을 허락하셨습니다. 그가 비록 평생을 악하게 살아 왔다할지라도 하나님의 사랑의 복음은 그 모든 것을 덮을 수 있습니다. 왜냐하면 그 모든 것보다 사랑이 크기 때문입니다. 예수 그리스도의 복음은 자비가 필요한 이들에게 자비를, 용서가 필요한 이들에게 용서를, 사랑이 필요한 이들에게 사랑을, 구원이 필요한 이들에게는 구원의 길인 것입니다.

마태복음 9:22

마태복음 18:11

누가복음 19:9

요한복음 12:47

누가복음 23:43

3 인류의 복음

예수의 복음은 신비한 환상이나 이념이나 공상이나 미신이 아닌 역사와 천륜과 인륜적입니다. 일반종교에서는 인륜과 천륜을 무시하고, 속세를 떠나 스스로 고립되는 독존을 말합니다. 또한 무의미와 무소유를 말합니다. 그러나 기독교는 오히려 역사적이요, 과학적이요, 세상의 이치입니다. 창조주 하나님께서 만든 세상을 사랑하는 것이며, 그 질서를 지키는 것이고, 그 뜻대로 이루는 것입니다. 십자가 위에서 들려오는 예수의 복음에는 인륜과 천륜이 담겨져 있습니다. 고통의 시간에 예수님은 자신을 낳아주고 길러 준 어머니를 생각했습니다. 예수의 십자가 주변에 한 제자, 요한이 있었습니다. 예수는 십자가 앞에서 울고 있는 어머니를 제자에게 부탁하셨습니다. 십계명에도 하나님께 대한 계명 다음으로 인륜에 관한 계명의 첫째가 "부모를 공경하라"는 것입니다. 예수 그리스도의 복음은 천륜과 인륜을 기본으로 하고 있습니다.

마태복음 15:3-6

요한복음 19:26-27

4 버림받은 고통으로 이룬 복음

마태복음 27:45-46

마가복음 15:33-34

십자가에 달리신 예수 그리스도는 상상할 수 없는 고통을 겪으셨습니다. 인간의 죄악성에 대한 사죄의 사역이 이토록 처절한 것입니다. 십자가의 복음은 지불하지 않으면 안 되는 것에 대하여 헌신하고 희생하는 것입니다. 제 육시, 가장 밝을 시간에 온 땅이 어두움이 임하였습니다(정오부터 오후 3시까지). 단순히 십자가가 죽음의 고통이라면 일반죄수들도 당하는 고통입니다. 그러나 예수님의 죽음은 모함받은 의인의 죽음이요, 사랑하는 인류에게 버림받은 정신적이고 영적인 하나님의 아들의 고통입니다. 그것도 하나님을 섬긴다는 백성들에 의하여 버림당하셨습니다. 더 강한 고통은 인류의 죄로 인하여 침묵하시는 하나님께 버림당하는 고통입니다. 예수 그리스도의 복음은 고통으로 이룬 것입니다.

마태복음 27: 26, 28-31

누가복음 22:44, 47

5 목마름의 복음

주님도 목말라 하셨습니다. 생명의 근원이 되시는 주님께서 십자가에서 목말라 하셨다. 최후의 고통인 예수님의 목마름에 대하여 인간은 신 포도주를 입에 대어 주었을 뿐입니다. 예수님은 육적인 목마름뿐만 아니라 의에 주리고 목말라 하셨습니다. 십자가에 달리신 예수를 보십니까? 목말라 하는 그 분이 예수 그리스도이심을 잊지 말아야 할 것입니다. 예수 그리스도의 복음은 십자가에서 심한 갈증 가운데 처참하게 죽으신 예수 그리스도를 증거하는 것입니다.

요한복음 4:10, 14

요한복음 19:28

6 완성된 복음

요한복음 19:30

주님의 모든 사역은 십자가로 끝마침이 되었습니다. 마침이
란, 모든 것의 종결을 의미합니다. 십자가만으로 구원을 이루
신 것이 아닙니다. 예수 그리스도의 구원의 복음은 출생으로
부터 십자가에 죽으심까지 어느 하나도 빠짐없는 요소로 종합
된 복음입니다. "다 이루었다." 이는 마지막 신음 속에 나온
말씀입니다. 인간들의 죄악이 극도의 고통과 비참함 속에 처
절하게 예수 그리스도를 죽인 것입니다. 유월절의 희생제물,
어린 양처럼 예수 그리스도께서 제물이 되신 것입니다. 유대
인에게는 새 유월절이요, 인류에게는 구원의 도를 가르치시는
제물이 되신 것입니다. 예수 그리스도의 복음은 십자가에서
마침이 되었습니다.

마가복음 1:1

마태복음 6:10

마가복음 1:38

요한복음 17:3

7 하나님의 복음

누가복음 23:46

예수 그리스도의 복음의 마지막은 하나님의 손에 맡기는 것입
니다. 시작도 그 과정도 그리고 마지막도 하나님의 뜻에 있습
니다. 예수 그리스께서 마지막으로 부른 것은 아버지 하나님
이셨습니다. 아버지 하나님의 뜻 가운데 세상에 오신 예수 그
리스도께서 이제 그 모든 임무를 완수하고 그의 본래의 자리
로의 환원을 의미합니다. 인간의 몸을 입으신 예수 그리스도
께서 친히 하신 모든 말씀은 하나님의 복음입니다. 즉, 하나님

의 뜻이며, 원리며, 리듬이며, 법칙입니다.

마태복음 12:28

마가복음 1:14, 2:7

1. 나를 가장 아프게 했던 사람이 있습니까? 그에 대하여 어떻게 대처하였습니까? 용서할 수 없는 이를 용서하는 예수의 복음이 얼마나 힘든지를 기록해 봅시다.

2. 예수의 복음은 누구까지 구원하실 수 있다고 보십니까?

3. 나라면 예수님처럼 십자가에서 현재 부모님을 위하여 마지막으로 할 일이 무엇이라고 생각하십니까?

기억하기

예수의 복음에 있어서 십자가 사건은 복음의 절정입니다. 하나님께서 친히 인간의 몸을 입으시고 선포하신 하나님 나라의 복음의 실천이요, 실현이기도 합니다. 가장 고통스러운 순간 자신을 모함하고 고통을 가하는 이들을 용서하셨습니다. 뿐만 아니라 도저히 용서받지 못할 것 같은 사람도 구원하시는 복음이 있습니다. 또한 인륜과 천륜이 있습니다. 인류를 구원하는 하나님의 아들의 고통이 있습니다. 생수의 근원이 되시는 분이 목말라하셨습니다. 하나님께서 세상을 사랑하셔서 이 땅에 오셔서 시작하신 복음의 완성이 있습니다. 예수의 복음은 곧 하나님의 복음입니다.

마지막 당부의 말

그리스도인이란 예수의 복음을 영생의 도리로 믿고 따르는 무리들입니다. 이 교재에서 다룬 예수의 복음은 극히 일부입니다. 그리스도인이라면 일년에 한번 이상 복음서를 읽고 묵상해야 합니다. 그리고 그 말씀대로 살아가는 이들이 그리스도입니다. 그래서 가정과 자신이 속한 곳이 하나님의 나라가 되는 아름다운 삶을 살아가시기를 기도합니다. 수고하셨습니다.

저자 이규동 목사는

서울장신대학교,

장로회신학대학,

연세대연합신학대학원,

한국복음신학연구원,

Faith Theological Seminary,

United Theological Seminary(Th.D).

Th.D 논문으로는『복음서에 나타난 예수 그리스도의 복음』을 썼다.

현재는 교육목사로 사역하고 있으며, 한국복음신학연구원에서 강의를 하고 있습니다.

E-mail: poimen2000@hanmail.net

포이멘 200클럽 201

예수의 복음

초판 1쇄 인쇄일 · 2004년 3월 25일
초판 1쇄 발행일 · 2004년 4월 1일

지은이 / 이규동
발행인 / 설영환
발행처 / 생명의샘
등록 / 2001. 7. 31
등록번호 / 제22-657호
주소 / 서울특별시 송파구 삼전동 65
전화 / (02) 419-1451
팩스 / (02) 419-1452

가격 3,500원

* 잘못된 책은 바꾸어 드립니다.

ISBN   89-86751-17-8   03230